두려워하지 말고
하나님만 의지하라

두려워하지 말고 **하나님만 의지하라**

유기성

Trust in God alone

규장

in God

성령께 반응하며
하나님의 역사를 기대합시다!

추석 연휴 기간에 나라와 민족을 위한 특별새벽기도회를 열었습니다. 나라의 위기 상황이 너무 심각하기에 명절이라고 기도를 쉴 수 없다고 생각하였기 때문입니다.

순간 이것은 믿음 없는 행위가 아닌가 하는 생각이 들었습니다. 하나님을 전적으로 의지하지 못하고 상황으로 인하여 두려워하는 것은 아닌가 하는 생각이었습니다.

두려움은 믿음이 아닙니다. 그럼에도 왜 기도해야 하는지, 이것이 정말 주님께서 주시는 생각인지 정리해야 했습니다.

나라에 큰 위기가 닥쳤는데, 성도들이 기도하지 않는 것을 보고 당황했습니다. 분명히 위기임을 알면서도 여전히 먹는 것, 재미있는 것만 찾아다니는 것입니다. '믿음이 커서 그런가?' 생각해 보니 아니었습니다. 영적 무감각에 빠져 성령께 반응이 안 되는 것이었습니다. 이것이야말로 두려운 것입니다.

그리고 기도해야 하겠다고 생각하는 이들도 무엇을 기도해야 하는지 혼란스러워하는 것입니다. "살려주십시오", "구원해주십시오" 그렇게 기도해야 합니까? 하나님을 믿는 것은 그저 하나님께서 모든 것을 알아서 해결해주시기를 기다리는 것이 아닙니다. 성령께 반응하면서 하나님의 역사를 기대하는 것입니다. 그러므로 우리는 나라를 위하여 기도하되 성령의 인도를 받아야 하는 것입니다.

민족의 통일을 위한 기도가 벽에 부딪힐 때가 있습니다. 길은 없어 보이고 상황은 악화되는 것 같고, 오히려 전쟁이 날 위기에 이르렀는데, 어떻게 믿음으로 기도해야 합니까? 그럴수록 더욱 '함께하시는 주님'을 바라보고 성령의 인도하심을 따라가야 합니다. 앞이 보이지 않습니다. 그러나 성령께서는 계속하여 기도를 시키십니다. 그러면 기도해야 하는 것입니다.

성령은 우리를 모든 진리 가운데로 인도하시려고 오신다고 하셨습니다.

> 그러나 진리의 성령이 오시면 그가 너희를 모든 진리 가운데로 인도하시리니 그가 스스로 말하지 않고 오직 들은 것을 말하며 장래 일을 너희에게 알리시리라 요 16:13

예수님의 제자들은 예수님께서 승천하신 후 어떻게 해야 할지 도무지 알지 못하였습니다. 그런데 성령이 임하신 후 비로소 그

들이 무엇을 해야 할지를 알 수 있었고, 부활의 주님을 전할 능력
도 얻었습니다.

우리가 기도하면 반드시 성령께서 기도를 인도해주십니다.

> 이와 같이 성령도 우리의 연약함을 도우시나니 우리는 마땅히 기
> 도할 바를 알지 못하나 오직 성령이 말할 수 없는 탄식으로 우리
> 를 위하여 친히 간구하시느니라 롬 8:26

명절이기에 모여서 기도하기가 쉽지 않지만, 기도의 끈을 놓으
면 안 될 때임을 깨닫고 모여서 기도하기로 했습니다. 집회 첫날,
'몇 명의 성도들이 모일까?' 생각했는데, 예배실이 가득 차 강단
위까지 올라와야 했고, 서서 집회에 참석한 이들도 있을 정도였
습니다. 주님께서 친히 역사하신다는 것을 깨닫고 눈물이 났습
니다.

기도하면서 붙잡은 성경은 이사야서 30장에서 32장이었습니다. 그것은 제가 택한 성경이 아니고 전 교인들과 함께 매일 큐티하는 그 성경이었습니다. 그런데 말씀을 묵상하면서 주님은 친히 이 성경을 택하여 우리에게 말씀하심을 깨달았습니다. '하나님을 믿는다'는 우리의 믿음을 근본에서부터 점검하게 하셨습니다. '하나님을 믿는다'는 우리가 실제로는 하나님을 믿지 못하는 실상을 적나라하게 보여주셨고, 그것부터 깊이 회개하는 시간을 가졌습니다.

우리의 문제는 나라의 위기가 아니라 '하나님을 믿는다'는 우리의 믿음이 문제입니다. 그래서 기도해야 하는 것입니다.

이번 집회 때 전했던 말씀을 책으로 출판하자는 제안을 받고 한동안 망설였습니다. 너무나 급히 준비된 집회여서 충분히 준비하지 못한 설교이기에 조심스러웠습니다. 그러나 나라가 위기에 처해 있는 이때, 하나님께서 주신 말씀이 너무 중요하기에 이 책을 내기로 결심했습니다.

 이 책을 통하여 나라를 위해 기도하는 우리에게 말씀하시는 주
님께 더욱 귀를 기울이는 계기가 되기만 원할 뿐입니다.

유기성

contents

1
DAY

하나님을
믿으라

1 여호와께서 이르시되 패역한 자식들은 화 있을진저 그들이 계교를 베푸나 나로 말미암지 아니하며 맹약을 맺으나 나의 영으로 말미암지 아니하고 죄에 죄를 더하도다

2 그들이 바로의 세력 안에서 스스로 강하려 하며 애굽의 그늘에 피하려 하여 애굽으로 내려갔으되 나의 입에 묻지 아니하였도다

3 그러므로 바로의 세력이 너희의 수치가 되며 애굽의 그늘에 피함이 너희의 수욕이 될 것이라

4 그 고관들이 소안에 있고 그 사신들이 하네스에 이르렀으나

5 그들이 다 자기를 유익하게 하지 못하는 민족으로 말미암아 수치를 당하리니 그 민족이 돕지도 못하며 유익하게도 못하고 수치가 되게 하며 수욕이 되게 할 뿐임이니라

6 네겝 짐승들에 관한 경고라 사신들이 그들의 재물을 어린 나귀 등에 싣고 그들의 보물을 낙타 안장에 얹고 암사자와 수사자와 독사와 및 날아다니는 불뱀이 나오는 위험하고 곤고한 땅을 지나 자기에게 무익한 민족에게로 갔으나

7 애굽의 도움은 헛되고 무익하니라 그러므로 내가 애굽을 가만히 앉은 라합이라 일컬었느니라

8 이제 가서 백성 앞에서 서판에 기록하며 책에 써서 후세에 영원히 있게 하라

9 대저 이는 패역한 백성이요 거짓말 하는 자식들이요 여호와의 법을 듣기 싫어하는 자식들이라

10 그들이 선견자들에게 이르기를 선견하지 말라 선지자들에게 이르기를 우리에게 바른 것을 보이지 말라 우리에게 부드러운 말을 하라 거짓된 것을 보이라

11 너희는 바른 길을 버리며 첩경에서 돌이키라 이스라엘의 거룩하신 이를 우리 앞에서 떠나시게 하라 하는도다

12 이러므로 이스라엘의 거룩하신 이가 이같이 말씀하시되 너희가 이 말을 업신여기고 압박과 허망을 믿어 그것을 의지하니

13 이 죄악이 너희에게 마치 무너지려고 터진 담이 불쑥 나와 순식간에 무너짐 같게 되리라 하셨은즉

14 그가 이 나라를 무너뜨리시되 토기장이가 그릇을 깨뜨림 같이 아낌이 없이 부수시리니 그 조각 중에서, 아궁이에서 불을 붙이거나 물 웅덩이에서 물을 뜰 것도 얻지 못하리라

15 주 여호와 이스라엘의 거룩하신 이가 이같이 말씀하시되 너희가 돌이켜 조용히 있어야 구원을 얻을 것이요 잠잠하고 신뢰하여야 힘을 얻을 것이거늘 너희가 원하지 아니하고

16 이르기를 아니라 우리가 말 타고 도망하리라 하였으므로 너희가 도망할 것이요 또 이르기를 우리가 빠른 짐승을 타리라 하였으므로 너희를 쫓는 자들이 빠르리니

17 한 사람이 꾸짖은즉 천 사람이 도망하겠고 다섯이 꾸짖은즉 너희가 다 도망하고 너희 남은 자는 겨우 산꼭대기의 깃대 같겠고 산마루 위의 기치 같으리라 하셨느니라

우리는 정말
하나님을 믿습니까?

—

사 30:1-17

하나님께서 특별히 한 주간 나라와 민족을
위해 기도할 마음으로 우리를 모이게 하셨습니다. 저는 집회를
준비하면서 어떤 성경 본문을 택해야 하는지 기도했습니다. 그
러나 특별한 성경이 생각나지 않아서 우리가 계속하고 있는 큐티
본문으로 새벽기도 설교 본문을 삼기로 했습니다. 그래서 이번에
듣고 함께 기도할 하나님의 말씀이 이사야서 30장, 31장, 32장이
되었습니다.

　그런데 말씀을 묵상해보니까 하나님이 이번 특별새벽기도회
때 우리에게 말씀하시려는 그 성경이었습니다. 하나님은 우리에

게 물으셨습니다.

"너희가 진짜 나 하나님을 믿느냐?"

그러니 이번 기회에 하나님을 믿는 믿음을 근본부터 한번 점검해보는 시간이 되면 좋겠습니다. 그래서 우리의 믿음이 분명하게 달라지는 역사가 있었으면 좋겠습니다.

여러분, 나라가 아무리 어려워도 또 개인적으로 아무리 어려운 형편이라도 살 길이 분명합니다. 우리에게는 언제나 살 길이 있습니다. 하나님만 의지하고 따라가기만 하면 됩니다. 하나님이 살 길입니다. 하나님만 믿고 하나님께만 순종하면 반드시 헤쳐 나오게 되고 승리하게 됩니다.

그런데 문제는 하나님에 대한 믿음이 없는 것입니다. 하나님을 따라갈 믿음이 없으면 살 길이 분명히 주어져도 못 갑니다. 믿음이 없으면 하나님을 따라갈 수 없습니다. 하나님은 우리에게 이미 분명한 살 길을 주셨는데 믿음이 없어서 망하는 하나님의 자녀들이 많습니다. 그것이 바로 이사야서 30장에서 말씀하는 것입니다.

나는 누구를 믿는가?

이사야서 30장의 배경은 주전 705년 앗수르 왕 산헤립이 시리아와 가나안 일대를 점령한 후 유다 예루살렘을 침공하게 된 때입니다. 이사야 선지자는 유다를 향해 "패역한 자식들은 화 있을진저"(1절)라고 하시는 하나님의 책망의 말씀으로 시작합니다. 도대체 유다가 무슨 잘못을 했기에 이런 책망을 받는 것일까요?

그것은 당시 유다의 왕 히스기야가 하나님을 잘 믿는다고 소문난 왕이었는데도 실제로 앗수르의 산헤립이 쳐들어오자 두려워한 나머지 애굽을 의지하여 애굽에 도움을 청했기 때문입니다. 애굽은 엄청나게 크고 한때 대단한 나라였습니다. 이스라엘 백성들도 400여 년간 애굽의 종살이까지 하지 않았습니까. 히스기야 왕이 이 애굽을 의지해야겠다는 마음으로 애굽에 사신을 보내는 때에 이사야가 이 말씀을 하고 있는 것입니다.

그런데 이사야서 30장에 나오는 이스라엘 백성의 모습이 지금 우리와 다를 바가 없습니다. 우리도 지금 나라가 위기에 처해 있고, 개인으로든 가정으로든 여러 가지 어려운 문제에 부딪쳐 있습니다. 이런 상황에서 우리가 진짜 하나님을 믿는지 점검해야 합니다. 나라를 위해 기도하면서 우리가 하나님을 정말 믿는지 돌아보아야 하는 것입니다.

지금 우리는 하나님만 전적으로 의지해야 될 상황입니다. 우리 나라와 민족은 전적으로 하나님이 구원해주시고 지켜주시는 것입니다.

한 번은 제가 "우리가 중국과 미국을 의지하면 안 됩니다. 하나님을 의지해야 됩니다"라고 설교했습니다. 이 메시지는 여러분이 그동안 수없이 들으셨을 것입니다. 그런데 설교가 끝나고 난 다음 어느 성도님이 저에게 오셔서 "목사님, 중국은 믿으면 안 되지만 미국은 의지해야 합니다" 이렇게 충고하고 가셨습니다. 난 감했습니다. 그 자리에서 붙잡고 설명을 드릴 수도 없는 노릇이었습니다.

이렇게 우리가 "중국을 의지하지도 말고 미국을 의지하지도 말고 하나님만 믿어야 된다"는 메시지를 듣지만 현실적으로 마음에 다가오지 않는 분들이 많습니다. '그래도 미국을 의지해야지', '그래도 중국이 도와줘야지'라는 생각이 우리 속에 있습니다.

히스기야가 애굽에 도움을 요청하는 것이 결코 남의 이야기가 아닙니다. 우리는 하나님을 믿는다고 고백합니다. 그런데 하나님만 믿자고 말하면 이상하게 들립니다.

"아, 저 사람은 현실감이 없나 봐."

자신이 믿음이 없다는 생각은 하지 못하는 것입니다. 우리가

두려워서 살려달라고 기도하지 말고
이번 기회가 통일이 이루어지는
전기가 되게 해주시기를 기도해야 합니다.

하나님을 믿는다고 하지만 실제로 하나님을 안 믿는 것이 현실입니다.

엄마, 나 믿지 마

선교사님 중에 어릴 때 깡패였다는 분이 있었습니다. 그 선교사님의 이야기를 듣고 많이 놀랐습니다. 그는 아버지가 일찍 돌아가시고 홀어머니 손에 자라났는데 주위 사람들이 한결같이 "네 엄마는 너 믿고 산다"고 했다는 것입니다. 어머니가 집사입니다. 그래서 엄마가 하나님 믿는 줄 알았대요. 그런데 친척도 그리고 교회 목사님도, 장로님도, 그리고 만나는 사람마다 "엄마는 너 믿고 산다"고 하기에 엄마한테 가서 "엄마, 나 믿지 마!" 그랬다는 겁니다.

아니 이 큰 어른이 어린 나를 믿는다니, 초등학생 아이가 엄마를 어떻게 책임져요? 그런데 엄마가 "아니야. 나 너 믿어"라고 하니 그때부터 엄마가 나를 안 믿게 해야겠다는 생각으로 깡패가 되었다는 것입니다. "엄마, 나 믿지 마. 나 믿을 사람 못 돼." 그렇게 한참을 방황했다고 합니다.

사실 이것이 우리 이야기 아닙니까? 가정에서 부모가 스스로도 무슨 말 하는지 모르게 아이들에게 하는 말이 이 말입니다. "엄마 아빠 늙으면 너, 엄마아빠 책임져야 돼." 무슨 책임을 지나요? 누가 책임질 수 있어요? 엄마아빠 노후를 책임져야 된다는 그 어린 아이의 심정을 생각해보셨습니까? 하나님을 믿는 성도의 가정의 자녀들조차 염려 걱정에 사로잡혀 있습니다. 엄마아빠를 책임져야 되고 어떻든지 돈을 벌어야 된다는 생각에 어릴 때부터 돈에 사로잡혀 있습니다.

하나님을 믿는다고 하면서 실제로는 우리 안에 하나님을 믿는 믿음이 없어요. 이것은 총체적으로 문제입니다. 하나님을 믿는 성도가 이 땅에 978만 명입니다. 네 명 중 한 사람이 하나님을 믿습니다. 그러나 지금 우리 민족은 하나님을 진짜 믿지 못합니다. 믿는 성도부터 하나님을 못 믿으니까요. 찬송하고 기도한다고 해서 그것이 믿는다는 증거는 아닙니다. 성경을 아는 것도 믿는다는 증거가 못 됩니다.

염려와 근심을 하지 않고 사는 것은 여 성도님들에게 엄청나게 어려운 일입니다. 염려하지 말라고 하면 염려 안하는 게 염려가 됩니다. 우리가 모여서 하나님 앞에 나라와 민족을 위해 기도한다고 하면서 먹고사는 생활 염려 하나 해결하지 못하는 믿음을 가지고 있는 것입니다.

남선교회에서 헌신예배를 드릴 준비를 하면서 '하나님 말씀대로 사업하고 하나님 말씀대로 직장생활 하자'고 결단하는 시간을 갖기로 했는데 남자 성도들이 사인(sign)을 못 하는 것입니다. '세상에 나가서 어떻게 하나님의 말씀대로 살아?' 이런 생각이 마음에 꽉 차 있다 보니 직장이나 일터에서 하나님의 말씀대로 살 용기를 내지 못합니다.

이런데도 하나님을 믿는 것이 맞습니까? 우리가 이것을 먼저 회개해야 합니다. 하나님보다 세상을 더 크게 보는 것, 이것을 정말 회개해야 합니다.

하나님보다 더 믿고 의지하는 것

첫째, 우리는 우리가 어려울 때 하나님보다 더 의지하게 되는 것이 우상이요 큰 죄임을 알아야 합니다. 히스기야가 애굽을 의지하여 도움을 청한 일로 하나님은 대단히 진노하십니다.

> 그들이 바로의 세력 안에서 스스로 강하려 하며 애굽의 그늘에 피하려 하여 애굽으로 내려갔으되 나의 입에 묻지 아니하였도다 그러므로 바로의 세력이 너희의 수치가 되며 애굽의 그늘에 피함이

"나의 입에 묻지 아니하였도다"라는 말은 기도하지 않았다는 것입니다. 기도했더라도 응답을 믿고 기다리지 않았다는 말입니다. 6,7절에 보면 유다의 사신들은 유다 남쪽 네겝 광야를 통과하여 애굽으로 갔습니다. 이스라엘 성지순례를 다녀오신 분들은 예루살렘부터 이집트까지 그 사이에 엄청난 사막이 있다는 것을 아실 것입니다. 그곳은 사자와 독사와 불뱀이 있는 무서운 땅입니다. 이스라엘 백성들이 출애굽 할 때 하나님께서 지켜주셨기 때문에 그 땅을 무사히 통과한 것입니다.

그런데 이렇게 위험한 곳을 지나 겨우 도착한 애굽은 유다를 도울 힘이 없습니다. 하나님은 힘이 없는 애굽을 가리켜 "가만히 앉은 라합"(7절)이라고 말씀하셨습니다. 여기서 '라합'은 무례하고 오만하다는 뜻으로 한때는 명성이 자자했지만 이제는 무기력해져서 간신히 자기 자리나 지키고 있는 처지를 가리킵니다. '이빨 빠진 호랑이'인 셈입니다. 그 애굽이 뭔가 도와줄 거라 생각하고 찾아간 것 때문에 하나님은 진노하신 것입니다.

하나님 대신 뭔가를 믿는다는 것은 하나님의 입장에서 다 우상 숭배입니다. 그러니 유다를 비난할 것이 아닙니다. 우리도 급하 우리가 다급한 일을 만나봐야 압니다.
진짜 하나님을 믿는지,
하나님보다 더 믿는 것은 혹시 없는지.
급하고 어려운 일을 만나보면
비로소 자신의 실상이 드러납니다.

고 힘든 일이 생길 때 하나님보다 눈에 보이는 사람을 더 의지하기 때문입니다. 어려움을 당하면 누구를 찾는지, 급할 때 누구를 의지하는지 생각해보십시오. 하나님입니까? 부모나 친척, 형제자매, 자녀 또는 동기 동창입니까?

이런 믿음을 가지고도 하나님을 믿었다고 말하는 것이 우리의 큰 죄입니다. 정말 하나님 앞에 회개해야 합니다. 하나님을 믿는다는 사람이 가장 못하는 것이 도리어 하나님을 믿는 것입니다. 우리가 다급한 일을 만나봐야 압니다. 진짜 하나님을 믿는지, 하나님보다 더 믿는 것은 혹시 없는지. 급하고 어려운 일을 만나보면 비로소 자신의 실상이 드러납니다.

주님은 어떤 문제보다도 크십니다. 그러나 문제가 주님보다 더 크게 느껴지니 기도할 의욕도 힘도 생기지 않는 것입니다. 하나님을 믿으려고 애를 써서는 도저히 잠잠히 있을 수 없습니다. 하나님이 믿어져야 합니다. 그러면 두려울 것도 조급할 것도 전혀 없습니다.

도단 성에 있던 엘리사와 그의 종이 일찍 일어나서 보니 아람의 군대가 성을 포위한 것이 보였습니다. 종은 죽는 줄 알고 무서워했지만 엘리사는 전혀 흔들림이 없었습니다. 엘리사는 하나님이 믿어졌기 때문입니다.

계속되는 북한의 핵무기 위협, 미국의 북한 선제 타격 가능성이 커지는 상황에서 우리는 어떻게 해야 합니까? 기도해야 합니다. 기도하되 믿음이 분명해야 합니다. 두려워서 살려달라고 기도하지 말고 이번 기회가 통일이 이루어지는 전기(轉機)가 되게 해주시기를 기도해야 합니다. 전쟁은 하나님의 소관이며 하나님께서 우리를 보호해주시기 때문입니다.

듣기 싫은 말씀, 듣기 싫은 마음

둘째, 우리는 하나님의 말씀을 듣기 싫어하는 마음을 회개하고 돌이켜야 합니다. 하나님을 믿는 우리가 할 일은 무엇입니까? 계속 주님을 바라보며 하나님의 말씀에 귀를 기울여야 합니다. 그런데도 이스라엘 백성들은 노골적으로 하나님의 말씀을 거부했습니다.

이제 가서 백성 앞에서 서판에 기록하며 책에 써서 후세에 영원히 있게 하라 대저 이는 패역한 백성이요 거짓말 하는 자식들이요 여호와의 법을 듣기 싫어하는 자식들이라 그들이 선견자들에게 이르기를 선견하지 말라 선지자들에게 이르기를 우리에게 바른 것을

보이지 말라 우리에게 부드러운 말을 하라 거짓된 것을 보이라 너
희는 바른 길을 버리며 첩경에서 돌이키라 이스라엘의 거룩하신 이
를 우리 앞에서 떠나시게 하라 하는도다 사 30:8-11

우리는 하나님의 말씀을 듣기 싫어합니다. 이것을 하나님 앞에
서 철저하게 점검받아야 합니다. 10,11절을 다시 보면 "선견자들
에게 선견하지 말라, 예언하지 말라, 하나님의 말씀을 대언하지
말라, 우리에게 바른 것을 보이지 말라, 부드러운 말을 하라, 듣
기 좋은 말을 하라, 거짓된 것을 보이라, 바른 길을 버리며 첩경에
서 돌이키라, 이스라엘의 거룩하신 이를 우리 앞에서 떠나시게 하
라"라고 한다고 합니다. 잘 이해가 안 됩니다. 하나님을 믿는 백
성이 어떻게 이런 말을 할 수 있나요?

그런데 여러분, 이것이 우리 자신의 모습인 것을 아십니까? 우
리가 하나님의 말씀을 진짜 듣기 좋아합니까? 우리가 듣기 싫어
하는 하나님의 말씀이 없는 것 같습니까?

대부분의 목회자들이 가지는 고민이 있습니다. 설교할 때 교인
들이 듣기 좋아하는 말만 하고 싶은 유혹을 받는다는 것입니다.
왜 그렇습니까? 그래야 교인들이 좋아하고 많이 모이기 때문입니
다. 목회자가 교인들이 듣고 싶어 하는 설교를 의식합니다. 교인

들은 칭찬하고, 잘한다 하고, 복 받을 거라고 하고, 평안하다고 하는 설교를 듣고 싶어 합니다.

교인들이 듣기 싫어하는 말씀은 설교하기에도 참 거북합니다. 강해설교를 하려고 하는 이유도 어느 본문은 넣고 어느 본문은 빼고 하지 않겠다는 뜻입니다. 그냥 주신 본문으로 설교하겠다는 것입니다. 그래야 교인들의 입장에서도 '아, 목사님이 나 들으라고 저 설교를 하시는구나!' 이런 오해가 안 생깁니다. 왜? 자기도 보지만 성경 본문에 그렇게 나와 있기 때문입니다.

옥한흠 목사님도 말년에 "내가 교인들 듣기에 좋아하는 설교를 했었다"라고 회개하셨는데, 실제로 옥한흠 목사님의 설교에는 교인들을 책망하는 설교도 많았습니다. 그런데도 마지막에 이런 고백을 하신 것입니다. 그렇습니다. 우리는 우리가 듣고 싶은 말만 듣고자 하는 마음이 있습니다. 우리 안에 이런 욕구가 있음을 인정해야 합니다.

말씀을 대적하는 사람들

그러나 더 노골적으로 하나님의 말씀을 대적하는 이들도 있습니다. 자녀가 사춘기가 되면 아이들이 부모의 말을 거역하고 대듭

30

니다. 그때 부모는 깜짝 놀라서 당황합니다. 그런데 이것이 우리 본성이에요. 어린 아이 때는 듣는 것이 마음에 불만이어도 억누르고 있지만 조금 크고 나면 듣기 싫은 말은 확 듣기 싫다고 말합니다. 엄마아빠가 아이를 위하고 유익하게 하는 말이라도 듣기 싫을 때가 오는 것입니다.

어느 목사님이 '나는 죽고 예수로 사는 십자가 복음'을 전했는데 그런 설교 하려면 나가라고 해서 대책 없이 교회를 사임하게 되었다고 합니다. 예수를 믿으면 우리는 죽고 예수로 살아야 된다고 설교했기 때문입니다. 듣기 싫어하는 말이 있습니다.

실제로 저도 부흥회를 가서 '나는 죽고 예수로 사는 사람'이라는 제목으로 설교를 했는데, 그 설교를 듣고 너무 화가 난 여선교회 회장님이 있었습니다. 얼마나 화가 나는지 하나님께 막 항의를 했대요. "하나님, 예수를 꼭 저렇게 믿어야만 되는 겁니까? 나는 내가 죽었다고 믿지 않고도 지금까지 여선교회 회장으로 교회 봉사 잘 했는데 강사 목사님이 나는 죽고 예수로 살아야 된대요." 그런데 감사하게도 그날 하나님께서 '목사 말이 옳다' 이렇게 말씀하시는 바람에 본인이 마음을 돌이키고 끝까지 부흥회에 참석해서 은혜를 받았다고 저에게 쪽지를 써주셨습니다.

하나님의 말씀인 줄 알아도 속에서 싫은 마음이 드는 일이 많습니다. 이런 믿음이 어떻게 하나님을 믿는 믿음이 될 수 있습니까? 우리가 살 길은 하나님의 말씀을 따라가는 것입니다. 그것이 내게 싫든 좋든, 내게 힘들든 쉽든, 하나님의 말씀대로 살면 살고, 하나님의 말씀을 어기면 죽는 것입니다. 여러분, 이것을 명심하셔야 됩니다.

점점 더 하나님의 말씀을 듣기 싫어하는 시대로 들어가고 있습니다. 성도들조차 하나님의 말씀을 말씀 그대로 듣기 싫어하는 경향이 뚜렷합니다.

빌리 그레이엄 목사님의 딸 앤 그레이엄 목사님이 어느 교회에서 "동성애는 분명히 성경에 죄라고 하셨다"라는 내용의 설교를 하는데 뒤쪽 성가대석이 소란스러워지더랍니다. 무슨 일이 있나 보다 여기고 끝까지 설교를 마친 다음 돌아보니 성가대석에 아무도 없었다는 것입니다. 동성애가 죄라고 말한 것 때문에 성가대원들이 화가 나서 다 나가버린 것이었습니다.

하나님의 말씀이고 성경에 있는 그대로입니다. 그런데 그것을 듣기 싫어하고 거기에 반발하는 경향이 뚜렷합니다. 우리도 우리 자신을 돌아보아야 합니다.

"나는 진짜 하나님의 말씀을 순하게 듣나? 부드러운 마음으로 듣나? 내 듣기 좋은 말만 하라고 하는 것은 아닌가? 내 듣기 좋은 말만 따라 살고 있지는 않나? 진짜 하나님의 말씀인가 아닌가? 그것이 내게 중요한가?"

여러분, 진짜 믿음이어야 됩니다. 하나님을 믿는 진짜 믿음이어야 하고 하나님이 말씀하시면 무조건 순종하겠다는 믿음이어야 합니다.

불순종과 불신앙의 기록

하나님은 이사야에게 하나님의 말씀을 거역하는 이스라엘 백성들의 불신앙과 불순종을 기록하라고 하셨습니다. 하나님이 오죽 답답하시면 "서판에 기록하며 책에 써서 후세에 영원히 있게 하라"(8절)고 하셨겠습니까. 하나님께서 기록하라고 하신 그것을 기록했기 때문에 우리가 지금 이사야서를 읽고 있는 것입니다. 성경은 이렇게 기록된 것들이 모아진 것입니다. 그래서 우리가 성경에 기록된 말씀으로 깨우침도 받고 은혜도 받고 경고도 받는 것입니다.

하나님이 왜 그렇게 하셨을까요? 우리도 똑같기 때문입니다. 앞으로 하나님을 믿는다는 많은 사람들이 이스라엘 백성과 똑같을 것입니다. 우리가 이것을 진짜 회개해야 합니다.

말세가 되면 사람들은 귀가 가려워서 귀를 즐겁게 해줄 스승을 많이 둔다고 하였습니다. 말세에는 듣기 좋은 메시지만 전합니다. 이들도 믿음과 소망과 사랑과 같은 단어만을 씁니다. 기뻐하고 사랑하고 용서하고 소망을 가지라고 합니다. 그러나 꼭 예수님을 믿으라는 말은 하지 않습니다. 죄를 회개하라는 말을 하지 않고 죄를 책망하지도 않습니다. 십자가를 져야 한다는 부담스러운 말도 하지 않습니다. 이런 메시지를 전하는 대표적인 목사가 《긍정의 힘》을 쓴 조엘 오스틴입니다.

그러나 하나님의 말씀을 듣기 싫어하면 큰일입니다.

> 이러므로 이스라엘의 거룩하신 이가 이같이 말씀하시되 너희가 이 말을 업신여기고 압박과 허망을 믿어 그것을 의지하니 이 죄악이 너희에게 마치 무너지려고 터진 담이 불쑥 나와 순식간에 무너짐 같게 되리라 하셨은즉 그가 이 나라를 무너뜨리시되 토기장이가 그릇을 깨뜨림같이 아낌이 없이 부수시리니 그 조각 중에서, 아궁이에서 불을 붙이거나 물웅덩이에서 물을 뜰 것도 얻지 못하리라
> 사 30:12-14

그저 기도만 해서는 안 됩니다. 하나님의 말씀에 철저히 순종

하면서 기도해야 합니다. 그것이 하나님의 보호를 받는 더 정확하고 빠른 길입니다. 하나님께서는 우리가 공의와 정의로 살기 원하십니다. 공의와 정의가 사라진 우리를 하나님께서 지켜주실 이유가 없는 것입니다.

조용하고 잠잠할 수 있는 믿음

셋째, 우리는 어려울 때 잠잠하지 못하고 우왕좌왕한 일을 회개하고 돌이켜야 합니다. 우리가 하나님을 진짜 믿는지 안 믿는지는 어려운 일을 당해보면 아는데, 어려운 일을 당하고 급한 일을 만났을 때 하나님을 믿지 못하는 사람은 당황합니다. 우왕좌왕합니다. 평소에 그렇게 기도 열심히 하고, 찬송 열심히 하고, 예배 열심히 드리는 것을 보면 하나님을 믿는 것 같았는데, 어려운 일을 만나고 보니 정신줄을 다 놓아버리는 것입니다.

> … 너희가 돌이켜 조용히 있어야 구원을 얻을 것이요 잠잠하고 신뢰하여야 힘을 얻을 것이거늘 … 사 30:15

그런데 여러분, 진짜 하나님이 믿어져야 이것이 된다는 것을 아십니까? 어려운 일이 생겼어요. 급한 일이 닥쳤어요. 나라와 민족에 위기가 왔어요. 그럴 때 내 마음이 잠잠하고 조용히 기다릴 줄아는 이 믿음이 그냥 생기지는 않습니다. 하나님이 진짜 믿어져야 그렇게 할 수 있는 것입니다. 하나님이 믿어지지 않으면 사람이 막 당황하게 됩니다. 위기를 만났을 때 조급하고 두렵고 당황하게 되면 큰일입니다. 그 모습이 16절과 17절입니다.

> 이르기를 아니라 우리가 말 타고 도망하리라 하였으므로 너희가 도망할 것이요 또 이르기를 우리가 빠른 짐승을 타리라 하였으므로 너희를 쫓는 자들이 빠르리니 한 사람이 꾸짖은즉 천 사람이 도망하겠고 다섯이 꾸짖은즉 너희가 다 도망하고 너희 남은 자는 겨우 산꼭대기의 깃대 같겠고 산마루 위의 기치 같으리라 하셨느니라 사 30:16,17

앗수르 산혜립이 예루살렘을 삼키려고 오니 너희가 말을 타고 도망가야 되겠다고 하는데, 너희를 뒤쫓는 앗수르의 군사들이 더 빠르고, 말 타고 도망가다가 너희들이 다 고꾸라져서 죽는다는 것입니다.

여러분, 급하고 어려운 일을 만나면 "24시간 예수님을 바라보

하나님의 말씀이 들려도
내 속에서 싫은 마음이 드는 일이 많습니다.
이런 믿음이 어떻게 하나님을 믿는 믿음이 될 수 있습니까?
우리가 살 길은 하나님의 말씀을 따라가는 것입니다.

라"고 해도 귀에 들어오지 않습니다. 지금 내가 그렇게 한가한 때가 아니라고 생각됩니다.

어느 목사님이 교회에 어려운 일이 생겼을 때 기도회에 참석하셨는데 메시지가 24시간 주님을 바라보라는 것이었지만 목사님은 귀에 들어오지 않더랍니다. 지금 내 교회 사정이 24시간 주님 바라보고 있을 한가한 때가 아니라는 생각이 들며 기도도 못 하고 가만히 있는데 하나님이 한 장면을 떠올려주셨다고 합니다.

그것은 초등학교에 들어가기도 전인 어린 딸을 시장에서 잃어버린 때의 일이었습니다. 잃어버린 딸을 찾느라 얼마나 가슴이 탔는지 모릅니다. 온 시장과 동네를 다 찾아다녀도 딸이 없어요. 그런데 저 먼 곳에 있는 파출소에서 연락이 왔습니다. 딸을 찾았다고. 울고 돌아다니는 딸을 누가 붙들어서 파출소로 데려온 것입니다. 마음이 뛰고 감사하고 안타깝기도 해서 쫓아가보니까 딸이 파출소에서 울고 있어요.

그때 목사님이 딸을 책망했습니다.

"가만히 있어야지! 너, 아빠 손 잃어버리면 시장에서 가만히 있으라고 그랬지. 이렇게 울고 돌아다니니까 아빠가 너를 진짜 잃어버릴 뻔했잖아."

자신이 이렇게 막 야단친 그 장면이 눈에 확 들어오더라는 것입니다.

'그래. 지금 내가 뭐하고 있는 거냐? 이렇게 힘들고 다급한 사정이 생겨서 내가 할 일이 뭐냐? 24시간 주님 바라보고 있는 것밖에는 길이 없다. 그럴 때 하나님이 평안한 마음을 주시면서 확신을 주시고 지혜를 주실 때 그때부터 살 길이 하나하나 열리는 거지, 여기 사람 만나고 저기 도움 구하러 다니고, 이렇게 하다가는 진짜 죽는구나.'

위기를 만날수록 하나님을 믿고 조용히 잠잠히 주님께 귀를 기울여야 합니다. 그것이 우리가 살 길입니다.

어려울수록 다만 할 일

2008년 금융위기 때, 저희 교회도 헌금이 줄고 건축헌금도 줄었습니다. 교회 재정이 어려워지자 건축비 상환은 더 막막했습니다. 건축 이후 우리 교회는 원금 상환은 꿈도 못 꾸고 이자 갚는 것이 다급한 문제였습니다. 그럴 때 경제적인 어려움까지 닥치며 헌금이 주니 큰일 났어요. 대위기가 온 것 같았습니다. 교인은 늘었는데 추수감사헌금이 그전보다 줄었습니다. 제 마음에 걱정과 두려움이 확 밀려왔습니다.

'어떻게 해야 되나? 당장 올해 이자는 어떻게 갚아야 하나?'

20년째 건축헌금을 하는 교인들의 마음도 너무 무겁다고 느끼며 기도할 때 하나님께서 저를 책망하셨습니다.

"너는 어째서 그렇게 구걸하듯이 헌금해달라고 하느냐? '우리 죽게 생겼으니, 교회가 어려우니 여러분, 제발 도와주세요' 이게 말이 되느냐? 교회를 사랑하고 헌금하는 것이 기쁜 사람들의 헌금만 받아라. 부담 되고 힘들고 죽겠다고 하는 사람은 안 해도 된다고 그래라."

저는 하나님께서 "우리 큰일 났어요. 특별히 헌금 좀 많이 해주세요" 이 말을 듣기 싫어하신다는 것을 알았습니다. 그런데 이것은 저에게 정말 순종하기 어려운 일이었습니다. 그렇지만 교인들의 수를 세지 말고 정말 하나님만 바라보라는 이 말씀이 주님의 말씀임을 깨닫고 묵묵히 순종하였습니다. 그래서 "올해는 헌금하고 싶은 분들만 헌금합시다"라고 하고 2009년 2월 한 주일 저녁 시간을 정하고 정말 헌금이 기쁜 분들만 오시라고 했습니다.

저나 장로님들도 한 300명쯤 오시려나 했는데 2009년 2월 22일 특별기도회 날 1,000명 가까운 교인들이 모여서 80억 원 이상의 헌금이 작정되었습니다. 새 예배당 건축헌금을 할 당시 작정된 헌금이 32억 원이었으니 그보다 3배 가까운 헌금이 작정된 것입니다. 그리고 그때부터 원금 상환이 이루어졌습니다. 지금도 저에게 참 신기하고 놀라운 일입니다.

정신 똑바로 차리고 급하고 어려울 때일수록 주께 귀를 기울여야 됩니다. 우리가 하나님을 믿는 은혜를 받았으니 하나님을 정말 믿어야 합니다. 거짓 믿음, 껍데기 믿음을 철저히 점검하고 회개하고 간구해야 합니다.

> 믿음이 없이는 기쁘시게 못하나니 하나님께 나아가는 자는 반드시 그가 계신 것과 또한 그가 자기를 찾는 자들에게 상 주시는 이심을 믿어야 할지니라 히 11:6

"하나님, 제가 하나님을 믿는다면서 실제로는 하나님을 믿지 못하는 제 실상을 알게 해주시고, 나라와 민족을 위해서 기도해야 되겠다고 모였는데 정작 우리 자신이 하나님을 진짜 믿는 믿음이어야 한다는 것을 분명히 깨닫게 해주시옵소서."

01

하나님을 버리고 아무 도움이 되지 않는 것을
믿고 의지한 죄를 용서하여주소서

애굽의 도움은 헛되고 무익하니라 그러므로 내가 애굽을
가만히 앉은 라합이라 일컬었느니라 사 30:7

지금 내가 하나님 대신에 믿고 의지하는 것은 사실 다 종이호랑이일
뿐입니다. 우리 자신과 우리나라도 아무 도움이 되지 않는 것들을
의지하려고 하는 그 믿음 없음을 용서해주옵소서.

02

하나님의 말씀을 부담스럽게 여기고
노골적으로 싫어했던 일들을 용서하여주소서

대저 이는 패역한 백성이요 거짓말 하는 자식들이요
여호와의 법을 듣기 싫어하는 자식들이라 사 30:9

주님, 이 말씀이 내게 해당되지 않기를 원합니다. 그러나 나 자신이
그렇게 한 일, 한국 교회가 그렇게 한 일, 우리 민족이 그렇게 한 일

들을 용서해주옵소서. 하나님이 말씀하시면 순종하겠습니다. 주님이 말씀하시면 이제 더 이상 된다 안 된다 말하지 않겠습니다. 주님이 말씀하시면 순종하겠습니다. 오늘 즉시 주님이 말씀하시는 것을 순종하겠습니다.

03

어렵다고 우왕좌왕하였던 것을
용서하여주소서

주 여호와 이스라엘의 거룩하신 이가 이같이 말씀하시되
너희가 돌이켜 조용히 있어야 구원을 얻을 것이요 잠잠하고
신뢰하여야 힘을 얻을 것이거늘 너희가 원하지 아니하고 사 30:15

주님, 이 말씀을 붙들고 기도합니다. 어렵다고 우왕좌왕하였던 것을 회개합니다. 용서하여주소서. 어려울수록 더 우리의 마음과 심정이 주를 바라보게 해주소서. 더 잠잠히 하나님만 바라보게 하소서. 기도하는 우리 안에 먼저 이 일이 이루어지게 하시고 이 나라와 민족이 어려울 때일수록 하나님을 신뢰하는 믿음으로 더 잠잠할 수 있는 민족이 되게 해주시옵소서.

2
DAY

하나님을
기다려라

18 그러나 여호와께서 기다리시나니 이는 너희에게 은혜를 베풀려 하심이요 일어나시리니 이는 너희를 긍휼히 여기려 하심이라 대저 여호와는 정의의 하나님이심이라 그를 기다리는 자마다 복이 있도다

19 시온에 거주하며 예루살렘에 거주하는 백성아 너는 다시 통곡하지 아니할 것이라 그가 네 부르짖는 소리로 말미암아 네게 은혜를 베푸시되 그가 들으실 때에 네게 응답하시리라

20 주께서 너희에게 환난의 떡과 고생의 물을 주시나 네 스승은 다시 숨기지 아니하시리니 네 눈이 네 스승을 볼 것이며

21 너희가 오른쪽으로 치우치든지 왼쪽으로 치우치든지 네 뒤에서 말소리가 네 귀에 들려 이르기를 이것이 바른 길이니 너희는 이리로 가라 할 것이며

22 또 너희가 너희 조각한 우상에 입힌 은과 부어 만든 우상에 올린 금을 더럽게 하여 불결한 물건을 던짐 같이 던지며 이르기를 나가라 하리라

23 네가 땅에 뿌린 종자에 주께서 비를 주사 땅이 먹을 것을 내며 곡식이 풍성하고 기름지게 하실 것이며 그 날에 네 가축이 광활한 목장에서 먹을 것이요

24 밭 가는 소와 어린 나귀도 키와 쇠스랑으로 까부르고 맛있게 한 먹이를 먹을 것이며

25 크게 살륙하는 날 망대가 무너질 때에 고산마다 준령마다 그 뒤에 개울과 시냇물이 흐를 것이며

26 여호와께서 자기 백성의 상처를 싸매시며 그들의 맞은 자리를 고치시는
날에는 달빛은 햇빛 같겠고 햇빛은 일곱 배가 되어 일곱 날의 빛과 같으
리라

27 보라 여호와의 이름이 원방에서부터 오되 그의 진노가 불 붙듯 하며 빽빽
한 연기가 일어나듯 하며 그의 입술에는 분노가 찼으며 그의 혀는 맹렬한
불 같으며

28 그의 호흡은 마치 창일하여 목에까지 미치는 하수 같은즉 그가 멸하는
키로 열방을 까부르며 여러 민족의 입에 미혹하는 재갈을 물리시리니

29 너희가 거룩한 절기를 지키는 밤에 하듯이 노래할 것이며 피리를 불며 여
호와의 산으로 가서 이스라엘의 반석에게로 나아가는 자 같이 마음에 즐
거워할 것이라

30 여호와께서 그의 장엄한 목소리를 듣게 하시며 혁혁한 진노로 그의 팔의
치심을 보이시되 맹렬한 화염과 폭풍과 폭우와 우박으로 하시리니

31 여호와의 목소리에 앗수르가 낙담할 것이며 주께서는 막대기로 치실 것
이라

32 여호와께서 예정하신 몽둥이를 앗수르 위에 더하실 때마다 소고를 치며
수금을 탈 것이며 그는 전쟁 때에 팔을 들어 그들을 치시리라

33 대저 도벳은 이미 세워졌고 또 왕을 위하여 예비된 것이라 깊고 넓게 하였
고 거기에 불과 많은 나무가 있은즉 여호와의 호흡이 유황 개천 같아서
이를 사르시리라

하나님을 기다리는 것이
믿음입니다

사 30:18-33

오늘의 말씀을 묵상하다가 저는 정말 큰 은
혜를 받았습니다. 한마디로 '기다리는 믿음'이 얼마나 중요한가
하는 것입니다. 이사야는 믿음이 없어서 애굽에 도움을 요청하러
가는 유다에게 "하나님을 기다리라"는 이 한마디를 전했습니다.

그러나 여호와께서 기다리시나니 이는 너희에게 은혜를 베풀려 하
심이요 일어나시리니 이는 너희를 긍휼히 여기려 하심이라 대저 여
호와는 정의의 하나님이심이라 그를 기다리는 자마다 복이 있도
다 사 30:18

여러분, 꼭 명심해야 합니다. 개인의 일이든지 교회 일이든지 나라일이든지 하나님이 하셔야 합니다. 또 하나님께서 반드시 하십니다. 우리는 그 하나님을 기다려야 하고 하나님이 하실 때까지 믿고 기다려야 하는 것입니다. 기다리는 것이 믿음입니다.

굳게 믿으면 기다릴 수 있다!

유다와 히스기야 왕이 하지 못한 것이 결국 이것입니다. 하나님이 지켜주실 것이 안 믿어지니까 조급해지고 두려워지고, 산헤립이 공격해올 때 죽을 것 같고 망할 것 같고, 믿음이 없으니까 기도가 안 나오고, 기도를 하기는 해도 하나님이 응답하실 것이라고 믿어지지 않으니까 기다리고 있을 수 없었습니다. 종이호랑이 애굽에게 엄청난 보물들을 가지고 가서 도움을 요청하지만 결국 아무 도움이 안 되는, 이 기막히고 어리석은 일을 하게 되는 것입니다. 한마디로 믿음이 없었기 때문입니다. 이렇게 믿음이 없으면 하나님의 역사를 기다릴 수가 없습니다.

이사야서 전체의 중요한 주제 성구가 이사야서 7장 9절인데 "만일 너희가 굳게 믿지 아니하면 너희는 굳게 서지 못하리라", 이 말씀이 그 당시 이스라엘을 보신 하나님의 마음입니다. 우리가 굳게 믿지 못하면 절대로 하나님의 말씀대로 굳게 서지 못합니다. 하나님의 역사는 우리가 하나님의 뜻대로 행하여야 하나님이 이루십니다. 우리가 이것을 꼭 기억해야 합니다. 그런데 하나님의 뜻대로 하는 일은 반드시 하나님이 이루실 것이라는 믿음이 없이는 못하는 일입니다.

제가 고등학생일 때 저는 주님이 제 안에 계시다는 말씀을 듣고 얼마나 당황스러웠는지 모릅니다. 그런데 실제로 주님이 제 안에 계시다는 것을 도저히 알 수 없었어요. 말씀을 보니 너무나 충격적이기는 한데 실제로 그 말씀이 제 경험은 아니었어요. 감사한 것은 하나님이 반드시 이 놀라운 일을 제게 허락하실 것을 믿으니까 그 말씀이 이루어지기까지 40년을 주님을 바라보고 살 수 있었습니다. 지금 생각해보면 주님이 제 안에 계시다는 그 약속을 붙잡고 믿고 기도하기를 정말 잘했다 싶습니다.

우리 교회도 건축 문제가 큰 숙제였습니다. 그렇지만 제가 이 교회 건축만을 위한 목회를 해온 것은 아닙니다. 저는 이 문제가 우리 힘으로는 할 수 없고 하나님이 역사해주실 것을 믿었습니다. 하나님이 건축비를 다 해결해주시고 교회를 세워주실 것을 믿었습니다. 기도하고 믿으니 건축 부채 없는 교회처럼 재정을 집행하게 되었습니다. 교인들에게 건축 헌금 강조하지 않고 어려운 이웃과 교회와 선교지에 재정을 흘려보냈습니다. 교회 재정을 하나님이 책임져주실 것이라 믿어지니 하나님이 기뻐하실 것이라고 생각되면 그대로 순종할 수 있었습니다.

만약 건축 부채 갚는 데 올인 했다면 다 갚은 후 주님 앞에서 보고드릴 일이 없을 것입니다. 우리가 아끼고 모아서 또 헌금을 강요해서 예배당을 건축하고 빚도 갚고 교회가 부흥했다면 하나님 앞에 갔을 때 자랑할 것이 무엇입니까? 우리가 아끼고 모아서 했으니 우리가 한 거지, 거기에 하나님이 역사하셨다는 증거가 뭐가 있겠습니까? 우리 교회 장로님들과 교우들께 감사한 것은 다 같이 믿음으로 반응하고 마음을 합해주었다는 것입니다. 모두 다 따라주었으니까 하나님의 역사를 보게 되었습니다. 믿음이 없으면 기다릴 수도 없고 끝까지 하나님의 말씀대로 하지 못합니다.

이 일은 지금도 계속되고 있습니다. 할 수만 있으면 하나님께서 하라는 대로 나눠주고 베풀고 분립 교회를 세웠습니다. 이것들은 다 교회의 당면한 문제를 해결하는 데는 도움이 되지 않는 것들이었습니다. 지금도 우리 교회 차원에서만 보면 좀 어렵다고 생각되는 일들을 하고 있습니다. 우리 일도 급하지만 한국 교회의 개혁과 새로운 부흥을 위해서도 믿음으로 기도하고 있습니다.

우리나라의 통일 문제도 마찬가지입니다. 우리가 지금 비상한 기도의 때라 여기고 하나님 앞에 모였습니다. 우리는 기도하되 하나님은 반드시 통일을 이루시고, 하나님은 반드시 이 나라를 책임져주시고, 전쟁 없이 통일 되게 해주시고, 복음으로 통일 되게 해주실 것을 믿어야 합니다. 그러면 우리는 통일 이후에 부끄럽지 않은 일을 하게 됩니다.

기도가 그렇습니다. 우리 교회가 지난 1년 6개월 동안 북한에 억류되어 있던 임현수 목사님의 석방을 위해서 매일 기도하고 주일마다 기도했던 영상 기록이 그대로 남아 있습니다. 석방되신 임현수 목사님도 한국에 가면 제일 먼저 선한목자교회에 가서 말씀을 전하고 싶다고 그러셨고 그래서 지난 주일에 오셔서 설교도 하셨습니다.

이처럼 통일이 되고 난 다음에 통일을 위해서, 이 나라와 민족을 위해서 그동안 무엇을 했느냐고 하면 우리가 얼마나 많이 기도했는지 그 기록을 보라고 할 수 있어야 합니다. 통일이 될 것을 정말 믿으면 기다리는 우리의 태도가 달라집니다.

주님이 다시 오시는 것도 마찬가지입니다. 재림을 정말 믿고, 주님 앞에 설 때가 있음을 정말 믿으면, 지금 나의 행동과 태도가 달라집니다. 안 믿으니까 하나님 말씀대로 못 살고, 하나님 말씀

재림을 정말 믿고,

주님 앞에 설 때가 있음을 정말 믿으면,

그러면 지금 나의 행동과 태도가 달라집니다.

안 믿으니까 하나님 말씀대로 못 살고,
하나님 말씀대로 살지 못하니까
하나님이 역사하지 못하시는 것입니다.

대로 살지 못하니까 하나님이 역사하지 못하시는 것입니다. 안타깝게도 지금 우리의 삶이 이와 같습니다. 우리는 하나님이 역사하실 것을 믿고, 믿으니 하나님의 말씀대로 살면서 하나님의 역사를 기다리는 똑같은 패턴으로 살아갑니다. 가정도 교회도 나라도 그렇습니다. 하나님을 믿지 못하면 하나님의 역사를 어떻게 기다리겠습니까?

기다릴 수 없는 마음

우리가 자녀를 기를 때 아이가 믿고 기다려주지 않고 계속 조를 때 정말 힘이 듭니다.

"엄마, 밥 주세요."

엄마가 준다고 하시면 "어머니, 감사합니다. 제가 밥을 먹을 수 있게 해주셔서 감사합니다. 그러면 저는 엄마가 '이제 밥 먹어라' 하실 때까지 숙제하고 제 방 청소도 하고 있겠습니다. 밥이 다 되면 저를 불러주세요." 아, 이러면 얼마나 좋아요. 그러면 얼마나 훌륭한 아이가 되겠어요. 그런데 계속 밥을 달라고 합니다. 아직은 밥솥에서 계속 밥이 되고 있는데 당장 밥을 내놓으라고 조르면 정말 속이 터지죠. 아이와 어디를 가다가 아이가 뭘 사달라고 길거리에 드러누워서 떼를 쓰면 엄마는 당황스럽습니다. 다음에 사주겠다고 해도 막무가내면 얼마나 속이 터지는지 모릅니다. 엄마를 믿지 못해서 결국은 그것을 얻게 된다는 것을 믿지 못하고 억지를 부리면 그럴수록 부모는 더 해주기가 어려워요.

결국 어떻게 되나요? 매를 버는 거죠. 그냥 맞는 수밖에 없는 거예요. 아이는 아이대로 억울하죠. 배고팠는데 매도 맞았으니까요. 갖고 싶어서 달라고 그랬는데 매까지 맞으니 도무지 이해가 안 되는 거죠.

그런데 우리가 똑같아요. 믿지 못한다는 것이 이렇게 큰 문제를 가져옵니다. 개인 문제도 그렇고 교회도 그렇고 나라도 그렇고 믿어야 기다려지는 것입니다.

믿음이 없으면 기다리라는 말이 야속하고 두렵습니다. 올지 안 올지 모르는 사람을 기다리는 심정을 한 번 생각해보십시오. 가슴에 멍이 들고 애간장이 다 녹아내릴 수 있습니다. 이미 올 시간은 지났는데 언제까지 기다려야 합니까? 믿음이 없이 기다리는 것은 사람을 죽이는 것입니다.

체육학 박사인 원정혜 씨가 쓴 글 가운데 "분노가 심하면 간이 상하고, 우울이 심하면 폐가 상하게 되고, 공포가 심하면 신장이 상하게 되고, 지나치게 골똘히 생각하면 비장이 상하게 된다"

라고 하면서 "평상심을 유지할 것, 스스로 돌아보는 여유를 가질 것, 늘 감사하고 작은 것에 행복해야 한다"고 충고했습니다. 그러나 그러면 안 되는 줄 알아도 분노하고 우울하고 두렵고 고민하게 되는데 어떻게 합니까? 이렇게 믿음이 없으면 알면서 속이 썩고, 될 일도 안 되는 것입니다. 그러나 하나님을 믿으면 하나님의 뜻대로 하는 마음을 가질 수 있습니다. 평안, 기쁨, 감사, 사랑, 섬김이 가능합니다.

펜실베이니아 대학교 연구원의 발표에 의하면 주차장에서 차를 빼는 데 아무도 없으면 26초가 걸린다고 합니다. 그런데 다른 차가 주차하려고 기다리고 있으면 31초가 걸립니다. 벌써 신경이 쓰입니다. 게다가 기다리고 있던 차가 서두르느라 경적을 울리면 43초가 걸린다고 합니다. 마음이 조급해지면 일을 망치게 되는 것입니다.

여러분, 우리 마음이 어떠냐에 따라서 우리의 삶에 엄청난 영향이 옵니다. 하나님이 반드시 하시고, 하나님이 반드시 지켜주실 것이 믿어지면 내 삶이 하나님이 역사하실 수 있는 방향으로 흘러갑니다. 하나님이 말씀하신 대로, 하나님이 하라는 대로 그렇게 갑니다. 그러면 하나님이 역사하기를 기뻐하십니다. 그런데 '하나님이 해결해주실까? 하나님이 이루실까? 하나님이 정말 역사하실까?' 이렇게 내 마음에 믿어지지 않으면 그때부터 불안해지기 시작하고 일은 더 꼬입니다.

하나님도 기다리신다

이사야는 "하나님께서도 기다리신다"고 했습니다. 우리에게만 기다리라고 하는 것이 아닙니다. 아니 능력 많으신 하나님께서 왜 기다리십니까? 무엇을 기다리십니까? 예수님은 탕자가 돌아오기를 기다리는 아버지를 통해서 '기다리시는 하나님'을 보여주셨습니다. 지금도 하나님은 우리가 정신을 차리고 진짜 하나님을 믿고 이제는 정말 무슨 일이든지 하나님의 말씀대로 하게 되기를 기다리십니다.

무엇보다 지금 하나님이 하나님의 일을 해버리시면 하나님의 뜻대로 살지 못한 우리는 어떻게 됩니까? 하나님은 유다 백성들이 우상을 섬겼던 것과 애굽을 의지하였던 것을 다 회개하고 이제는 하나님만을 신실하게 의지하게 되기를 기다리시는 것입니다. 진실로 하나님 앞에 기도하고 하나님의 역사하심을 믿고 공의와 정의를 행하는 그날이 오게 되기를 하나님도 기다리십니다. 한마디로 이스라엘에게 은혜를 베풀기 위해 기다리십니다.

지금도
하나님은 우리가 정신을 차리고
진짜 하나님을 믿고 이제는 정말 무슨 일이든지
하나님의 말씀대로 하게 되기를 기다리십니다.

우리만 기다리라고 하시는 것이 절대 아닙니다. 하나님도 똑같이 기다리십니다. 우리를 위해서 우리에게 복을 주시려고 기다리시는 것입니다.

여러분, 하나님은 우리의 종이 아닙니다. 내가 급하니까 하나님께 도와달라고 기도하는 것이 습관이 되어버리면 하나님을 '나 도와주는 분'으로 생각합니다. 급할 때 도와주고 돈 없을 때 도와주고 아플 때 도와주고 무슨 일을 할 때 도와주고…. 그러나 하나님은 우리의 종이 아닙니다. 하나님은 우리의 왕이세요. 그러니까 우리가 정신 똑바로 차려야 됩니다. 잘 되려면 하나님께 철저히 순종해야 하고 하나님이 일하시는 것을 기다리되 하나님이 일하실 때까지 기다려야 합니다. 하나님보다 더 빨리 움직여도 안 되고 하나님보다 느리게 움직여도 안 됩니다. 하나님이 머물면 머물고 하나님이 떠나면 떠나야 합니다. 우리가 이 훈련이 안 되면 하나님을 믿어도 하나님의 역사를 경험해보지 못하고 삽니다.

그런데 여러분, 기다리는 믿음이 이렇게 중요한데 아무거나 기다려서는 안 됩니다. 아무것도 아닌 것을 기다리면서 세월을 다 보냈다는 것을 깨닫는다면 그것은 너무 고통스러운 일일 것입니다. 우리는 붙잡아야 할 것을 붙잡아야 합니다. 진짜 확실한 것을 기다려야 합니다. 그래야 나중에 '아, 내가 기다리기를 잘 했다' 그럴 수 있잖아요. 그러면 뭘 기다려야 되는 거죠? 그것은 하나님의 말씀입니다. 하나님께서 우리에게 우리가 정말 붙잡고 믿고 기다려야 할 것을 주셨는데 그것이 바로 하나님의 말씀입니다.

하나님의 약속의 말씀

하나님께서는 이사야를 통하여 유다를 구원하고 반드시 지켜주겠다는 약속의 말씀을 주셨습니다.

> 시온에 거주하며 예루살렘에 거주하는 백성아 너는 다시 통곡하지 아니할 것이라 그가 네 부르짖는 소리로 말미암아 네게 은혜를 베푸시되 그가 들으실 때에 네게 응답하시리라 사 30:19

하나님께서 혹 징계하실지라도 너희를 향한 하나님의 속마음은 사랑이라고 말씀하셨습니다.

> 주께서 너희에게 환난의 떡과 고생의 물을 주시나 네 스승은 다시

숨기지 아니하시리니 네 눈이 네 스승을 볼 것이며 사 30:20

주께서 인생으로 고생하게 하시며 근심하게 하심은 본심이 아니시로다 애 3:33

하나님은 이스라엘을 구체적으로 인도하시겠다고 약속하셨습니다.

너희가 오른쪽으로 치우치든지 왼쪽으로 치우치든지 네 뒤에서 말소리가 네 귀에 들려 이르기를 이것이 바른 길이니 너희는 이리로 가라 할 것이며 사 30:21

하나님께서 우리에게 막연히 그냥 살라고 하지 않으시고 이리로 가라, 저리로 가라고 우리에게 바른 길을 구체적으로 말씀해 주시겠다고 약속하셨습니다.
또한 하나님은 이스라엘 백성을 지키고 회복시키고 다시 풍성하게 하실 것을 계속해서 말씀하십니다.

네가 땅에 뿌린 종자에 주께서 비를 주사 땅이 먹을 것을 내며 곡식이 풍성하고 기름지게 하실 것이며 그 날에 네 가축이 광활한 목장에서 먹을 것이요 밭 가는 소와 어린 나귀도 키와 쇠스랑으로 까부르고 맛있게 한 먹이를 먹을 것이며 크게 살륙하는 날 망대가 무너질 때에 고산마다 준령마다 그 뒤에 개울과 시냇물이 흐를 것이며 여호와께서 자기 백성의 상처를 싸매시며 그들의 맞은 자리를 고치시는 날에는 달빛은 햇빛 같겠고 햇빛은 일곱 배가 되어 일곱 날의 빛과 같으리라 사 30:23-26

이스라엘을 위협하는 앗수르는 심판하셔서 멸망시키겠다는 약속의 말씀도 주셨습니다.

보라 여호와의 이름이 원방에서부터 오되 그의 진노가 불 붙듯 하며 빽빽한 연기가 일어나듯 하며 그의 입술에는 분노가 찼으며 그의 혀는 맹렬한 불 같으며 그의 호흡은 마치 창일하여 목에까지 미치는 하수 같은즉 그가 멸하는 키로 열방을 까부르며 여러 민족의 입에 미혹하는 재갈을 물리시리니 너희가 거룩한 절기를 지키는 밤에 하듯이 노래할 것이며 피리를 불며 여호와의 산으로 가서 이스라엘의 반석에게로 나아가는 자 같이 마음에 즐거워할 것이라 여호와께서 그의 장엄한 목소리를 듣게 하시며 혁혁한 진노로 그의 팔의 치심을 보이시되 맹렬한 화염과 폭풍과 폭우와 우박으로 하시리니 여호와의 목소리에 앗수르가 낙담할 것이며 주께서는 막대기로 치실 것이라 여호와께서 예정하신 몽둥이를 앗수르 위에 더하실 때마다 소고를 치며 수금을 탈 것이며 그는 전쟁 때에 팔을 들어 그들을 치시리라 대저 도벳은 이미 세워졌고 또 왕을 위하여 예비된 것이라 깊고 넓게 하였고 거기에 불과 많은 나무가 있은 즉 여호와의 호흡이 유황 개천 같아서 이를 사르시리라

사 30:27-33

주시는 말씀을 붙잡아라

우리는 이 말씀들이 다 성취된 이후에 살면서 기록된 성경을 읽고 있기 때문에 이 말씀이 주는 충격을 이해하기 힘듭니다. 이 말씀이 이미 다 성취되었다는 것을 알고 있습니다. 이스라엘의 역사를 보면 하나님은 정말 이 말씀대로 이스라엘 백성들에게 하셨어요. 그래서 우리가 이 말씀들을 읽어도 별 부담이나 충격이 없습니다.

그러나 이 말씀이 이루어지기 전에 이사야의 예언을 들은 유다 백성들은 어떻겠습니까? 이사야를 통해서 이 말씀을 처음 들을 때 당시 이스라엘 백성들은 이 말씀을 받아야 될지, 아니면 말

씀은 받았지만 여전히 그들의 생각대로 해야 될지 심각한 갈등에 빠졌어요. 하나님의 말씀은 임했습니다. 그런데 안타깝게도 그들에게는 말씀을 붙잡을 믿음이 없었어요. 이것을 하나님의 말씀이라고 믿으면 하나님만 의지하고 하나님의 뜻대로 살 것이고, 믿지 못하면 애굽으로 갈 것입니다.

안타까운 것은 그들이 이 말씀을 듣고도 애굽으로 갔다는 것입니다. 도무지 믿어지지 않았기 때문입니다. 무슨 수로 앗수르의 산헤립 대왕이 망하고, 이스라엘이 다시 번성할 것이냐는 말입니다. 하나님이 말씀하셔도 믿지 않으면 아무 소용이 없습니다. 그러니까 하나님의 말씀은 이루어졌지만 이스라엘이 망하고 만 것입니다.

그러나 우리는 다릅니다. 우리는 이미 말씀을 통해서 하나님께서 말씀하신 것은 반드시 이루어진다는 것을 압니다. 성경을 펼칠 때마다 봅니다. 우리가 구약성경을 왜 읽습니까? 하나님은 어떤 일을 이루시기 전에 먼저 말씀을 주셨고, 그 말씀을 반드시 이루셨다는 것을 확인하는 것입니다. 우리는 그 말씀이 이루어진 뒷 세대에 살고 있습니다.

그러면 우리가 할 일은 무엇입니까? 우리에게 주시는 말씀을 붙잡는 것입니다. 하나님이 내게 말씀하신 것을 붙잡으면 되는

하나님의 말씀, 하나님의 언약을 붙잡고
하나님이 역사하시기를 기다리는 것입니다.
하나님이 말씀하셨으니
하나님이 반드시 이루실 것을 믿고 기다리는 것입니다.

것입니다. 그럴 때 비로소 하나님이 역사하실 수 있는 삶을 살게 되는 것이고, 그것이 바로 기다리는 믿음이 됩니다. 하나님의 말씀, 하나님의 언약을 붙잡고 하나님이 역사하시기를 기다리는 것입니다. 하나님이 말씀하셨으니 하나님이 반드시 이루실 것을 믿고 기다리는 것입니다.

여러분, 하나님의 말씀을 붙잡고 사셔야 됩니다. '하나님의 약속의 말씀을 붙잡는 것이 내게 살 길이구나. 하나님의 말씀대로 되는 거구나. 결국은 하나님께서 말씀하신 것을 이루시는 거구나.' 이것을 확신하게 되시기 바랍니다.

약속하신 성령을 기다려라

우리는 말씀을 붙잡아야 합니다. 하나님의 약속을 붙잡고 하나님만 믿고 살아보는 일이 처음에는 어색하고 잘 모르겠고 실수도 할 수 있습니다. 안 해본 일이고 미숙해서 하나님의 뜻대로 하려고 했는데도 잘 안 되는 일이 자꾸 생깁니다.

그러나 처음부터 운동을 잘하는 사람이 어디 있습니까? 기본기부터 다지고 연습하고 계속 경기하다보면 실력이 느는 거죠. 처음부터 기능이 뛰어난 사람이 어디 있습니까? 처음에는 다 미숙하고 작품을 망쳐버리고 그렇게 하다가 전문가가 되고 탁월한 기능인도 되는 것입니다.

우리가 진짜 훈련받아야 되고 정말 갖추어야 될 탁월함이 있다면 그것은 하나님의 뜻대로 순종하는 것입니다. 하나님의 뜻을 분별하고 분별된 하나님의 뜻 그대로 살아내는 그것만큼은 내가 탁월해야겠다고 결심했다면 미숙하고 어려워도 지금부터라도 그 길로 가야 합니다.

하나님이 우리에게 주신 가장 놀라운 약속은 우리에게 성령을 부어주시겠다고 하신 것입니다.

> 그러나 진리의 성령이 오시면 그가 너희를 모든 진리 가운데로 인도하시리니 그가 스스로 말하지 않고 오직 들은 것을 말하며 장래 일을 너희에게 알리시리라 요 16:13

우리는 이 약속을 믿어야 합니다. 하나님의 약속하신 성령을 받지 못한 분이 있습니까? 성령은 우리를 모든 진리 가운데로 인도하시려고 오셨습니다. 하나님께서 우리를 이 세상에 버려두지 않고 우리를 친히 인도하시려고 성령을 보내셨습니다.

그러니까 우리가 그 무엇보다 누려야 되는 것이 성령의 인도함을 받는 일입니다. 오늘 하루를 살아도, 가족들 간에 대화 한 마디를 해도 성령의 인도함을 받으면 우리의 인생이 이보다 더 복될 수가 없습니다. 이제부터 나의 직장과 일터에서 나를 인도하시는 성령님을 따라 살게 된다면 그 직장과 일터가 완전히 달라지게 됩니다.

성령님이 정말 내 안에 계신지, 역사하시는지, 말씀하시는지, 나를 인도하시는지 도무지 잘 모르겠다면 주님이 약속하신 것은 반드시 이루신다는 것을 믿으시기 바랍니다. 정말 믿어야 됩니다. 믿어야 기도가 됩니다.

"하나님, 저를 인도해주세요. 제가 다른 건 다 몰라도 성령님을 따라 사는 것 하나만큼은 어느 누구보다 분명할 수 있기를 원합니다. 하나님, 솔직히 지금은 제가 너무 미숙합니다. 주님의 뜻을 잘 모르겠습니다. 주님의 음성을 듣는 것도 잘 모르겠어요. 그러나 하나님, 주님께서 해주실 줄 믿습니다. 지금부터 그렇게 연습하겠습니다. 주님이 역사하셨는지 안 하셨는지, 말씀하셨는지 안 하셨는지 내가 매일 기록해보면서 그렇게 하겠습니다."

예수님의 부활을 목격한 오백여 증인들에게 주님은 성령을 기다리라고 당부하고 승천하셨습니다. 당시 제자들은 예수님을 믿기는 했지만 무엇을 어떻게 해야 할지 알지 못했고, 부활하신 예수님을 증거할 만한 담대함이 없었습니다. 성령을 받고 나서 비로소 그들이 무엇을 해야 하는지 알 수 있었고, 그럴 수 있는 능력도 얻은 것입니다. 그 성령을 받은 사람들이 모여서 교회가 된 것입니다.

그러나 약속을 받았을 때는 성령이 어떤 분이신지, 어떻게 성령이 임하시는지 전혀 알지 못하였습니다. 그저 기대하는 믿음으로 기다린 것뿐입니다.

그런데 실제로 마가의 다락방에서 성령으로 세례를 받은 사람은 백이십 명이었어요. 하나님의 약속을 받았어도 실제로 그 약속을 붙잡고 기다리고 그 말씀이 이루어지는 것을 경험하게 되는 사람은 적다는 뜻입니다.

오늘 우리도 지금 나와 함께 계시는 주 예수님을 인격적으로 만나게 될 것을 믿고 기다려야 합니다. 성령이 임하시는 체험을 주실 것을 믿고 기다려야 합니다. 어떻게 임하실지 알 수는 없습니다. 그러나 분명히 임하실 것이 확실합니다. 성령의 인도함을 받을 것을 믿고 기다려야 합니다.

나라와 민족을 위해서 기도한다고 해도 우리가 하나님의 약속의 말씀에 온전히 붙잡히지 않는다면 우리의 기도는 계속 방황하는 기도가 됩니다. 그런데 우리가 진짜 하나님의 역사를 믿고, 우

하나님께서 우리를 이 세상에 버려두지 않고
우리를 친히 인도하시려고 성령을 보내셨습니다.
그러니까 우리가 그 무엇보다 누려야 되는 것이
성령의 인도함을 받는 일입니다.

리나라가 통일이 될 것이 너무나 확실하다면 우리는 통일이 된 다음에 부끄럽지 않은 일을 하게 될 것입니다. 이렇듯 우리의 믿음이 행동을 바꾸고 기다릴 수 있는 힘을 줍니다.

너는 예수로 가득 채워라!

제가 안산에서 목회할 때, 참 존경하던 목사님이 계셨는데 안산 제일교회의 고훈 목사님이셨습니다. 고훈 목사님은 젊은 시절에 폐결핵으로 오래 고생하시다가 고침을 받으셨습니다. 그런데 교회가 한참 부흥되던 어느 날 병이 재발하여 병원에 입원하게 되었습니다. 폐병이니 아무도 곁에 오지 못하도록 교인들은 물론 장로님도 사모님도 병실에 오지 말라고 했는데, 정말 아무도 오지 않자 버림받은 것 같고 자신이 아무 소용이 없는 사람이 된 것 같아 마음이 요동하고 너무 두려웠다고 합니다.

어느 날 자다가 새벽 2시쯤 깼는데 둘러봐도 병실에 아무도 없었습니다. 그때 목사님의 마음에 '아, 내가 믿고 의지할 분은 정말 하나님밖에 없구나' 이 사실이 깨달아지더랍니다. 아내도 아니고 장로님도 아니고 교회도 아니고 결국 나의 힘이 되어주시고 나를 살려주실 분은 하나님이시라는 것이 깨달아져서 곧바로 병원 침상에 무릎을 꿇었습니다.

"하나님, 저는 주님의 일을 못하고 여기 이렇게 누워 있으니 어떻게 합니까?"

정말 교회가 한창 부흥이 되는데 목사님이 덜컥 병원에 입원해 있으니 교인들은 물론이고 목회 걱정이 한두 가지가 아니었습니다. 그런데 그때 주님의 음성을 들려왔습니다.

"너는 내 일 하지 마라. 내 일은 내가 한다. 아버지께서 일하시니 나도 일한다. 내 일은 내가 한다. 너는 예수로만 가득 채워라."

그날 목사님은 주님의 말씀을 듣고 마음을 정리하였습니다. 두려운 마음, 섭섭한 마음, 걱정되는 마음을 모두 예수님께 맡기고 몸이 완전히 회복될 때까지 1년간 요양하며 성경을 읽고 말씀을 묵상하고 신앙서적을 읽으면서 주님만 바라보며 지냈다고 합니다. 물론 설교도 안했습니다. 오직 주님의 말씀으로만 마음을 가득 채웠다고 합니다. 그 후로 주님이 하신 그 말씀이 목사님의 목회 좌우명이 되었습니다.

"너는 일하지 마라. 일은 내가 한다. 너는 예수로 가득 채워라."

기다림은 믿음으로만 가능합니다. 그런데 여러분, 이것이 목사

만의 일일까요? 똑같아요. 예수 믿는 사람은 다 같습니다. 진짜 주님을 믿고, 나는 주님이 하라는 대로 하고, 하나님은 하나님의 일을 하실 것이라고 진짜 믿고 기다리는 것입니다. 사람들 사이의 관계도 마찬가지입니다. 싸울 일이 없어요. 명절에 싸우지 마세요. 강요하지 마세요. 다른 사람이 어떻게 바뀌었으면 좋겠다는 마음의 소원이 있습니까? 정말 믿고 기다리세요. 내가 할 일만 다하면 됩니다. 모든 일에 기뻐하고 감사하고 사랑하고, 내 마음이 평안하고, 내가 진짜 하나님을 믿고, 하나님이 하라는 대로 순종만 하면, 그러면 훨씬 빨리 하나님이 일을 이루십니다. 할렐루야!

우리는 전적으로 주님이 이끄시기를 기다리며 맡겨야 합니다. 이처럼 개인의 일상생활에서 주님의 이끄심을 경험해야 나라도 민족도 하나님이 주관하신다는 것이 믿어지는 것입니다.

01

은혜 주시는 하나님의 약속의 말씀을 믿고 기다릴 힘을 주시옵소서

그러나 여호와께서 기다리시나니 이는 너희에게
은혜를 베풀려 하심이요 일어나시리니 이는 너희를 긍휼히
여기려 하심이라 대저 여호와는 정의의 하나님이심이라
그를 기다리는 자마다 복이 있도다 사 30:18

주여, 이 말씀이 내게 이루어지기를 원합니다. 하나님께서 약속하신 것을 이루시는 것을 믿고 나에게도 기다릴 힘을 주시옵소서. 가족들을 위하여 기다릴 힘을 주소서. 재정적인 문제가 풀어지는 일을 위하여 기다릴 힘을 주소서. 이 나라에 하나님이 역사하실 것을 믿고 기다릴 힘을 주소서. 하나님, 역사해주소서.

02

육신적, 물질적, 환경적 어려움에 낙심하지 말고 염려하지 않게 하소서

네가 땅에 뿌린 종자에 주께서 비를 주사 땅이 먹을 것을 내며

76

곡식이 풍성하고 기름지게 하실 것이며 그 날에 네 가축이
광활한 목장에서 먹을 것이요 사 30:23

아멘입니다. 하나님. 하나님의 약속을 믿습니다. 하나님의 우리를
향한 본심이 사랑이심을 믿습니다. 우리를 향한 풍성한 약속을 믿습
니다.

03

우리를 치유하고
회복하여주소서

여호와께서 자기 백성의 상처를 싸매시며
그들의 맞은 자리를 고치시는 날에는 달빛은 햇빛 같겠고
햇빛은 일곱 배가 되어 일곱 날의 빛과 같으리라 사 30:26

주님, 여러 가지 일로 상처받은 것, 깨어진 것, 각자 개인의 삶에 어려
움이 있다면, 이 말씀이 그대로 이루어지는 약속을 받았다고 믿습니
다. 우리를 치유하고 회복시켜주소서.

3
DAY

하나님을
의지하라

1 도움을 구하러 애굽으로 내려가는 자들은 화 있을진저 그들은 말을 의지하며 병거의 많음과 마병의 심히 강함을 의지하고 이스라엘의 거룩하신 이를 앙모하지 아니하며 여호와를 구하지 아니하나니

2 여호와께서도 지혜로우신즉 재앙을 내리실 것이라 그의 말씀들을 변하게 하지 아니하시고 일어나사 악행하는 자들의 집을 치시며 행악을 돕는 자들을 치시리니

3 애굽은 사람이요 신이 아니며 그들의 말들은 육체요 영이 아니라 여호와께서 그의 손을 펴시면 돕는 자도 넘어지며 도움을 받는 자도 엎드러져서 다 함께 멸망하리라

4 여호와께서 이같이 내게 이르시되 큰 사자나 젊은 사자가 자기의 먹이를 움키고 으르렁거릴 때에 그것을 치려고 여러 목자를 불러 왔다 할지라도 그것이 그들의 소리로 말미암아 놀라지 아니할 것이요 그들의 떠듦으로 말미암아 굴복하지 아니할 것이라 이와 같이 나 만군의 여호와가 강림하여 시온 산과 그 언덕에서 싸울 것이라

5 새가 날개 치며 그 새끼를 보호함 같이 나 만군의 여호와가 예루살렘을
  보호할 것이라 그것을 호위하며 건지며 뛰어넘어 구원하리라 하셨느니라

6 이스라엘 자손들아 너희는 심히 거역하던 자에게로 돌아오라

7 너희가 자기 손으로 만들어 범죄한 은 우상, 금 우상을 그 날에는 각 사
  람이 던져 버릴 것이며

8 앗수르는 칼에 엎드러질 것이나 사람의 칼로 말미암음이 아니겠고 칼에
  삼켜질 것이나 사람의 칼로 말미암음이 아닐 것이며 그는 칼 앞에서 도망
  할 것이요 그의 장정들은 복역하는 자가 될 것이라

9 그의 반석은 두려움으로 말미암아 물러가겠고 그의 고관들은 기치로 말
  미암아 놀라리라 이는 여호와의 말씀이라 여호와의 불은 시온에 있고 여
  호와의 풀무는 예루살렘에 있느니라

하나님을 전적으로 의지하는
믿음을 가지십시오

—

사 31:1-9

말씀을 준비하면서 하나님께서 특별새벽기
도회를 왜 하게 하셨는지 깨달아지는 것이 있었습니다. 나라를
위한 특별새벽기도회를 열 때만 해도 기도로 나라의 위기를 막아
보자는 마음이었습니다. 그래서 추석 연휴 기간에도 깨어서 기도
하자고 결정한 것인데 새벽기도회 말씀을 준비하며 기도하는 가
운데 하나님은 우리로 하여금 통일 이후를 감당할 믿음을 세우려
고 하신다는 것을 알았습니다. 말씀을 그렇게 주세요.

　그렇습니다. 통일 이후를 감당할 수 있는 믿음이 우리에게 정
말 중요합니다. 그런데 지금의 믿음으로는 통일 이후에 닥칠 어

려움을 극복할 수 없다는 것입니다.

그러면 우리의 믿음에 무슨 문제라도 있는 걸까요? 이 시간은 나라를 위한 기도회이기도 하지만 말씀을 붙들고 우리 자신을 위해 기도하는 기도회가 되기도 합니다. 우리 한 사람 한 사람의 믿음을 하나님 앞에 철저히 점검받는 시간이 되시기 바랍니다.

제가 서울대학교 개강 수련회를 인도하러 갔다가 한 교수님의 말을 듣고 마음이 너무 아팠습니다. 신입생을 처음 만나는 수업 시간에 "예수 믿는 사람, 손들어 봐라" 하면 무슨 죄를 지은 사람처럼 쭈뼛거리며 손을 든다는 것입니다. 저도 그 이야기를 들으면서 '지금 이 시대의 젊은 청년들, 다음 세대 안에도 이렇게 믿음이 무너졌구나' 그런 생각이 들었습니다.

여러분, 서울대학교에 입학한 것이 크고 자랑스러울까요? 예수 믿는 것이 크고 자랑스러울까요? 정말 비교할 수 없을 만큼 예수님을 믿는 것이 복됩니다. 그러나 실제로는 예수 믿는 것은 부끄럽고 서울대학에 들어간 것은 너무 자랑스러운 것이 우리 믿음의 실상입니다.

무엇이 더 커 보이는가?

여러분, 돈 1억 원이 있고 천 원이 있는데, 여러분의 자녀가 천 원을 더 크게 본다면 부모 마음이 어떻겠습니까?

"얘, 너는 어떻게 돈 천 원이 더 커 보이느냐?"

그런데 그것이 우리의 실상이다보니 하나님의 속이 터지시는 거예요. 이사야 선지자의 심정이 바로 그것이었습니다.

앗수르의 산헤립이 쳐들어왔을 때, 하나님을 믿는다던 유다는 친애굽파와 친앗수르파로 갈렸습니다. 그러니까 친애굽파는 애굽과 연합하여 싸우자는 전쟁파였고 친앗수르파는 빨리 항복하자는 화친파로, 서로 갈라져 싸우는 것입니다.

그러나 이사야로서는 그런 상황이 너무 분하고 안타까웠습니다. 지금 전쟁파가 옳으냐 화친파가 옳으냐 그것이 중요한 것이 아닙니다. 그들의 눈에 무엇이 더 커 보이냐는 것입니다. 이사야는 지금 "너희가 애굽을 붙잡거나 앗수르를 붙잡을 게 아니라 하나님을 붙잡아야지, 너희는 어떻게 마병과 군사는 그렇게 크게 여기면서 하나님을 의지할 생각은 하지 않느냐?"라고 하는 것입니다.

이사야는 강대국을 의지하지 말고 하나님을 의지해야 산다고 외쳤습니다. 그는 친애굽파에게 이렇게 경고합니다.

돈 있고 힘 있는 사람을 의지하는 것이

두려운 일임을 알아야 합니다.

그 정도의 분별밖에 하지 못하면

망하는 길로 가고 있는 것이기 때문입니다.

도움을 구하러 애굽으로 내려가는 자들은 화 있을진저 그들은 말을 의지하며 병거의 많음과 마병의 심히 강함을 의지하고 이스라엘의 거룩하신 이를 앙모하지 아니하며 여호와를 구하지 아니하나니 여호와께서도 지혜로우신즉 재앙을 내리실 것이라 그의 말씀들을 변하게 하지 아니하시고 일어나사 악행하는 자들의 집을 치시며 행악을 돕는 자들을 치시리니 애굽은 사람이요 신이 아니며 그들의 말들은 육체요 영이 아니라 여호와께서 그의 손을 펴시면 돕는 자도 넘어지며 도움을 받는 자도 엎드러져서 다 함께 멸망하리라 사 31:1-3

애굽에서 그토록 고통을 당하다가 하나님의 은혜로 출애굽 했으면서 이제 다시 애굽에게 군대를 요청하며 자신들을 지켜달라고 하는 것입니다. 이것은 마치 우리가 급하다고 우리를 삼켰던 일본에게 군대를 파견해달라고 하는 것과 같습니다. 이유는 딱 하나입니다. 하나님을 진짜 믿지 못하니까 마병과 군사가 커 보이고 애굽이 지켜줄 것 같은 생각이 드는 것입니다.

앗수르에 무조건 항복하자는 화친파에 대해서도 이사야는 다음과 같이 경고합니다.

앗수르는 칼에 엎드러질 것이나 사람의 칼로 말미암음이 아니겠
고 칼에 삼켜질 것이나 사람의 칼로 말미암음이 아닐 것이며 그는
칼 앞에서 도망할 것이요 그의 장정들은 복역하는 자가 될 것이라
사 31:8

이사야는 지금 전쟁파와 화친파 중에 어느 한 편을 택하자는
것이 아닙니다.

세상보다 하나님이 더 큰가?

요즘 같은 시국에 여러 가지 어려운 문제가 생길 때 많은 분들이
저에게 묻습니다. 목사님은 도대체 촛불파와 태극기파 중에 어느
편이냐고 말입니다. 그런데 하나님께 기도하면 그것이 문제가 아
님을 깨닫게 하십니다. 촛불이나 태극기가 아니라 역사를 주관하
시는 하나님을 바라보라 하십니다.

지금 우리나라도 미국이냐 중국이냐로 갈라지는 것 같은데,
사실 "미국을 의지해야 된다", "중국을 의지해야 된다" 이것이 큰
일이라는 것입니다. 미국이 커 보이고 중국이 커 보인다는 것은
하나님을 믿는 믿음이 완전히 무너진 것입니다. 미국이나 중국이

우리를 지켜주지 못합니다. 오직 하나님만이 우리를 지켜주실 수 있는데 하나님이 믿어지지 않으니 큰일인 것입니다.

지금 우리 형편이 이사야 선지자 당시와 똑같습니다. 눈에 보이는 어떤 큰 나라가 의지가 되고 어느 쪽에 붙어야 살겠다고 하는 생각을 하는 것입니다. 이사야는 하나님을 믿으라고 하고, 친애굽파에게도, 친앗수르파에게도 하나님의 재앙을 선포합니다.

전승에 따르면 그 이사야가 톱으로 켜서 죽임을 당했다고 합니다. 아니 어떻게 그럴 수 있죠? 하나님을 믿고 의지하자고 외치는데 어떻게 그런 선지자를 톱으로 켜서 죽입니까? 사람이 두려움이 극에 달하면, 이제 곧 전쟁이 일어날 것 같은 급박한 상황에서 "하나님을 믿자, 미국을 의지하고 중국을 의지하는 자들은 다 망할 것이다, 강대국을 의지하지 말라, 하나님만 믿자"라고 하면 그럴 수 있습니다. 우리나라도 조선시대의 역사를 보면 전쟁의 위협 앞에서 극심한 당쟁에 휘말려 서로 죽이고 죽지 않았습니까? 평소에는 잘 몰라도 상황이 급박해지면 옳은 말 바른 말을 하며 하나님의 말씀을 전하는 사람이 이런 죽임을 당하기도 하는 것입니다.

우리의 믿음은 어떻습니까? 진짜 하나님이 커 보입니까? 세상보다도 하나님이 진짜 더 커 보이느냐 말입니다. 돈 있고 힘 있는 사람을 의지하는 것이 두려운 일임을 알아야 합니다. 그 정도의 분별밖에 하지 못하면 망하는 길로 가고 있는 것이기 때문입니다.

저는 어릴 때부터 하나님을 믿는다고 생각하고 살았습니다. 아버지가 목사님이시니까요. 그런데도 제가 어릴 때 나도 부모님이 좀 부자였으면 좋겠다는 생각을 한 적도 있습니다. '좋은 것도 다 갖고 하고 싶은 것도 다하고, 쟤들은 무슨 복을 받았기에 저렇게 잘 살까?' 부모가 부자인 친구들이 그렇게 부러울 수가 없었습니다.

그런데 지금 그때 친구들의 근황을 들어보면서 부자 부모를 둔 것이 꼭 좋은 것만은 아님을 알게 되었습니다. '왜 나는 이렇게 힘들고 가난한가?' 그때는 그랬는데 이렇게 60년을 살아보니 그것 때문에 제가 하나님께로 더 나아갔고, 분명한 믿음의 눈을 뜨게 되어 지금의 제가 된 거예요. 돌아보면 제가 형편이 좋고 넉넉해서 유익을 얻은 것이 없고, 어렵고 힘들고 때로는 정말 가슴을 쳤던 그때 그 일이 지금의 저를 만들었더라고요. 그때는 그것을 미처 깨닫지 못한 거예요.

어느 것이 더 큰지, 어느 것이 더 강한지, 어느 것이 더 귀한지 분별하는 능력이 믿음입니다. 편안한 삶을 사는 것이 갖는 위험을 알아야 합니다.

진정한 살 길로 인도하는 목자

캐나다에 갔다가 거대한 나무가 속절없이 쓰러져 있는 것을 많이 보았습니다. 캐나다 땅이 워낙 비옥하고 물이 풍부해서 나무가 크게 자라기는 하는데, 뿌리가 깊지 않기 때문이라는 것입니다. 그래서 강한 바람이 한번 불면 힘없이 넘어지는 나무들이 많이 생긴다는 거예요. 위기를 만날 때 쉽게 무너진다는 것입니다. 그러니까 물도 많고 비옥한 토지가 나무에게 꼭 좋은 것만은 아닙니다. 물이 없어 마르고 황폐한 땅에서 뿌리를 내리고 내리고 내리다보니 그 뿌리가 땅에 깊이 박힌 나무는 태풍이 불어도 흔들리지 않는 것입니다.

중국 선교사로 사역하셨던 목사님이 티벳의 목동들 이야기를 하셨습니다. 그들은 여름에 양떼들을 풀이 많은 목초지에만 풀어놓고 키우지 않는다고 합니다. 풀이 많은 풀밭이 있어도 풀이 없는 곳, 절벽 같은 곳으로 데려가서 풀을 먹이기도 한다는 것입니다. 풀이 많은 곳에서 마냥 배부르게 먹이면서 키우면 길고 추운 티벳 지역의 겨울을 견디지 못하고 양들이 죽기 때문입니다. 여름에도 풀이 없는 절벽으로 양떼를 내몰아서 거기서 풀을 찾아서 뜯어먹는 강인함을 준비시켜야 겨울이 왔을 때 그 양들이 이겨내고 살아남게 된다는 것입니다.

그 양떼에게 필요한 것은 넓은 풀밭이 아니라 절벽으로 내모는 목자입니다. 하나님께서 우리의 목자이시잖아요. 우리에게도 중요한 것은 푸른 풀밭이 아닙니다. 나를 절벽으로도 몰아줄 목자가 필요합니다. 우리가 그런 주님을 믿고 사는 것입니다. 그러니까 그것이 귀중하다는 것을 알아야 됩니다. 하나님께서 다 뜻이 있어서 이런 험한 길, 어려운 상황에서도 반드시 나를 인도하신다고 하나님을 철석같이 믿어야 내가 제대로 된 살 길을 찾아가는 것입니다. 그런데 그 하나님을 믿는 믿음이 없으면 그때부터 우리는 우리 눈에 보기에 크고 좋은 것만 찾아가게 되는 것입니다.

여러분, 하나님을 믿으면 우리가 우리 스스로 상상하고 계획할 수 없는 것들을 얻습니다. 그런데 판단을 정말 잘 하셔야 합니다. 어느 것이 진짜 귀하고 소중한지, 정말 나에게 유익한지 분별하지 못한다면, 자녀가 1억 원과 천 원 중에 어느 것이 더 큰지 구별하지 못할 때 느끼는 부모의 심정처럼 정말 안타까운 것입니다. 게다가 그것이 만약 죽고 사는 문제라면 얼마나 두려운 일이겠습니까? 사랑하는 사이의 관계라면 정말 화가 나는 일일 것입니다.

그런데 우리가 이 믿음의 분별이 안 되는 것입니다. 지금 한국 교회 성도들의 심각한 문제는 하나님보다 여전히 세상이 더 좋은 것입니다. 돈 있고 권력 있는 사람이 더 의지가 되지 하나님만 의지하는 믿음이 없어요. 이것이 진짜 두려운 일입니다.

부족함이 없으리로다

시편 23편에서 다윗은 자신의 믿음을 이렇게 고백했습니다.

"여호와는 나의 목자시니 내게 부족함이 없으리로다."

"나의 잔이 넘치나이다."

"천지를 지으신 하나님이 나를 사랑하시고, 그분이 내 목자가 되시고, 나는 그분의 양으로 그가 인도하는 대로 살고 있으니 지금 내가 사망의 음침한 골짜기를 다닐지라도 해 받을까 두려워하지 않고, 여호와 하나님 한 분이면 나는 정말 충분합니다. 부족함이 없고 내 잔이 넘칩니다."

여러분, 이 믿음이 아주 정상적인 믿음이거든요. 이런 믿음이어야 살길이 보이고 하나님이 역사하시는 것이 보입니다.

그런데 하나님이 정말 믿어지지 않으면 이런 고백을 할 수 없습니다. 다윗과 비교할 수 없는 부귀영화를 다 누렸던 그의 아들 솔로몬에게는 사망의 음침한 골짜기를 다닌 기록이 없습니다. 세상적으로 볼 때 다윗보다 훨씬 평안하고 온갖 쾌락을 누리며 잘 살았지만 솔로몬은 다윗처럼 고백하지 못하였습니다. 그의 고백은 참으로 허무합니다.

"헛되고 헛되며 헛되고 헛되니 모든 것이 헛되도다."

솔로몬의 마지막은 비참합니다.

그러니 여러분, 우리가 이제는 완전히 새로운 눈이 뜨여야 해요. 지금 우리가 전쟁으로부터 이 나라를 지켜달라는 기도만 하고 끝내서는 안 됩니다. 하나님께서 이렇게 기도하도록 모이게 하신 것은 기도로 나라의 위기를 막고자 함도 있지만 우리의 믿음이 근본적으로 말씀 앞에 철저히 점검받아야 하기 때문이기도 합니다. 그래서 나라를 위한 기도이기도 하고 나를 위한 기도이기도 한 것입니다.

세상이 더 커 보이고 돈 많은 사람이 더 부럽게 여겨집니까? 자기 자신이 이런 믿음이라는 것이 두려워야 합니다. '고난 앞에서 금방 넘어지고 세상 여유 있고 잘 사는 사람들을 부러워하는 이 마음이 큰일이구나. 하나님을 믿는다면서 어째서 내 마음이 이런가?' 이것을 점검해야 합니다. 하나님을 믿지 못하고 세상이 더

하나님을 믿지 못하고
세상이 더 강하고 커 보이면
망하는 길로 가고 있는 것입니다.

강하고 커 보이면 망하는 길로 가고 있는 것입니다. 이것이 유다 나라가 멸망한 이유였음을 깨달아야 합니다. 만약 우리가 이런 생각에 빠져 있다면 속히 돌이켜야 합니다.

하나님은 우리에게 이렇게 약속하셨습니다.

> 새가 날개 치며 그 새끼를 보호함 같이 나 만군의 여호와가 예루 살렘을 보호할 것이라 그것을 호위하며 건지며 뛰어넘어 구원하리 라 하셨느니라 사 31:5

우리는 우리를 너무나 사랑하고 보호하고 계시는 하나님을 바라보아야 합니다. 하나님은 그런 하나님이세요. 이 하나님이 진짜 믿어져야 됩니다. 지금 내 형편과 처지가 어렵지만, 우리나라가 어려운 상황 가운데 있지만, 하나님은 우리를 지켜 보호하고 건지시는 하나님으로 나와 함께 계신다는 이것이 믿어져야 됩니다.

매일이 믿음의 실험!

> 이스라엘 자손들아 너희는 심히 거역하던 자에게로 돌아오라
>
> 사 31:6

이것은 지금 우리에게 주시는 말씀이기도 합니다. 우리는 하나님께로 돌아가야 합니다. 우리는 일상에서 하나님을 바라보고 하나님의 뜻을 찾고 하나님의 말씀에 순종하며 살아보아야 합니다. 우리가 일상 가운데 하나님의 역사를 경험하지 못하면 급하고 어려운 일 앞에서는 대책 없이 무너집니다.

오늘 말 한마디조차 주의 인도를 받고, 어떤 일 하나까지 하나님께 순종하고, 주님께 귀를 기울여야 합니다. 그래야 "하나님이 살아 계신다", "내게 말씀하신다", "나를 인도하신다"라고 고백할 수 있고, 이렇게 매일의 삶 속에 간증이 있고, 이렇게 일상에서 하나님의 역사를 경험하는 사람이 나라와 민족을 위해서 기도하자고 해도 믿어지는 것입니다.

개인과 가정에서 하나님의 역사를 경험해야 나라와 민족의 문제에도 하나님의 역사하심을 믿을 수 있습니다. 일상생활에서 하나님을 경험하지 못한 사람은 나라와 민족을 위해서도 기도가

안 됩니다. 내 문제도 해결이 안 되는데, 내 매일의 삶 속에서도 만나지 못한 하나님을 도대체 어떻게 믿을 수 있겠습니까?

은퇴하신 미국 선교사님 한 분이 한국에 와서 한국 사람을 만나 한국말을 배울 때 참 알아듣기 힘든 말이 하나 있었다고 합니다. 그것은 "알았습니다"라는 말이었는데, 나중에 보니 한국 사람들이 "알았습니다"라고 할 때는 두 가지 의미가 있더랍니다. 하나는 "무슨 말인지 말하는 내용을 알아들었다"는 것이고, 다른 하나는 "내가 그대로 순종하겠다"는 의미였다고 합니다. 한국 사람에게 어떤 말을 했는데 그 사람이 "알겠습니다"라고 하면 무슨 의미인지 도무지 헷갈리는 일이 너무 많다는 것입니다. 알았다고는 하는데 그냥 말을 알아들었다는 식으로 끝내버리는 경우가 너무 많은 것입니다.

그런데 하나님과 우리 사이가 꼭 그와 같습니다.

"하나님, 알았어요."

"아유, 알았어요, 네."

"이런 이야기는 수도 없이 들었어요."

그러나 우리가 하나님 앞에서 알았다는 것이 그냥 내용 파악이 됐다는 것으로 끝나면 아무 의미가 없습니다. 이제부터 주님이 내게 말씀하시면 "주님, 알았습니다"라는 말인즉 "그대로 순종하겠습니다"라는 분명한 말이 되어야 합니다. 계속해서 그렇게 해야 비로소 우리의 믿음이 커지는 것입니다.

편안할 때, 어려움이 없을 때가 좋은 것 같아도 그런 때가 오래 지속되면 믿음의 힘이 다 없어집니다. 하나님이 우리에게 괜히 가시를 주시고 시련을 남겨두시는 게 아닙니다. 어렵고 정말 죽을 것 같은 고비를 만나도 다 지나고 보면 우리 안에 엄청난 믿음이 생깁니다. 그러니까 편안할 때 스스로 조심해야 됩니다. 내가 이렇게 편안할 때 오히려 맥없이 무너지는 나약한 자가 될 수 있다는 것을 깨달아야 합니다. 하나님의 약속을 믿고 매일 믿음의 실험을 해보십시오. 편안한 가운데도 믿음의 싸움을 싸울 일은 매일 있습니다.

물 위를 걷는 기적

DISC라는 성격 검사를 해보았는데 제가 S 유형이라고 합니다. 쉽게 말해서 제 성격 유형은 게으르고 소파 체질이고 복지부동이고 움직이고 결정하기를 싫어하는 성격입니다. 여러분 중에 '전혀 이해가 안 된다. 우리 목사님이 소파 체질이고 게으르고 복지부동이라고? 우리를 들볶는 거 보면 전혀 그렇지 않다' 이렇게 생각

편안할 때, 어려움이 없을 때가 좋은 것 같아도
그럴 때가 오래 되면 믿음의 힘이 다 없어집니다.
하나님이 우리에게 괜히 가시를 주시고
시련을 남겨두시는 게 아닙니다.

하시는 분들이 있으실 텐데, 저는 그 성격에 대해 듣고 '아, 맞아. 내가 원래 그런 성격이지' 이것이 느껴졌습니다. 제 속에 본디 그런 성격의 본성이 있습니다. 그런데 왜 제가 달리 보이지요? 계속 주님을 바라보며 살았기 때문입니다.

고2 때 주님은 예수님이 내 안에 계신다는 말씀을 제 심령 속에 주셨습니다. 그 후 내 안에 계신 예수 그리스도, 그 주님을 바라보면서 지난 40년을 '나는 죽고 예수로 사는 복음'을 붙잡고 살아왔습니다. 그 결과 저는 제 성격과 전혀 다른 사람이 되어 살아가고 있는 것입니다. 그러니까 사람이 자기 본성대로 살지 않을 수 있는 것입니다. 자기 성격대로 안 살게 된다는 것입니다. 내가 죽었으면 소파 체질에 게으르고 복지부동인 저도 죽는 것이죠. 예수님이 나의 생명이심을 믿고 나가니까 내가 전혀 할 수 없었던 차원의 삶을 사는 것입니다.

"주님을 바라보라", 다 들어서 아는 말씀 같지만 순종은 또 다른 문제입니다. 하나님의 말씀을 듣기만 하지 않고 순종하면 반드시 역사가 일어납니다.

제가 선한목자교회에 부임해올 때 하나님이 주신 말씀이 이 말씀입니다. "베드로가 대답하여 이르되 주여 만일 주님이시거든 나를 명하사 물 위로 오라 하소서 하니 오라 하시니 베드로가 배에서 내려 물 위로 걸어서 예수께로 가되"(마 14:28,29).

그때 선한목자교회의 상황에는 복지부동의 유형인 제가 부임해 올 수 없었습니다. 소파 체질인 제가 이런 교회에 담임자로 와서는 문제를 해결할 수 없습니다. 그런 제가 이 교회에 부임한다는 것은 베드로가 물 위를 걷는 것과 같은 믿음의 결단이 필요한 일이었습니다. 베드로는 믿음으로 물 위로 뛰어내렸고 물 위를 걷는 기적을 체험하였습니다. 저 역시 마찬가지였습니다. 그 믿음으로 한 걸음 내디딘 것이 지금 15년째입니다.

너는 범사에 그를 인정하라 그리하면 네 길을 지도하시리라 잠 3:6

하나님께서 나의 길을 지도하신다니 너무나 놀라운 축복입니다. 그런데 이 축복에는 한 가지 조건이 있습니다. 범사에 하나님을 인정하는 것입니다. 그래서 24시간 예수님을 바라보는 것입니다.

영광의 하나님을 만나라
삼일교회 송태근 목사님이 신학교 동기 목사님의 아들 이야기를 하셨습니다. 동기 목사님이 전화를 해서 아들의 주례를 부탁하더랍니다. 그러면서 자신의 아들 이야기를 했습니다. 그 동기 목사님은 어려운 목회 현장에서 너무나 고생스러운 목회를 하였는데 그 분에게 한 가지 위로가, 아들이 공부를 잘해서 누구나 부러워하는 대학에 들어가고 또 좋은 회사에 취직도 결정이 되었다는 것이었습니다.

목사님에게는 그런 아들을 바라보는 것이 위로요 삶의 기쁨이었는데, 아들이 졸업을 앞둔 어느 날 "아버지, 저 신학 하고 선교사로 나가겠습니다"라고 하는 바람에 마음이 무너지는 당혹감에 빠지게 되었다는 것입니다. 사모님도 그 말을 듣고 쓰러졌다고 합니다. "왜 하필 너냐?" 하고 소리를 지르니 아들이 "아버지, 그렇게 화만 내지 말고 기도해보세요. 기도도 안 해보고 된다 안 된다 하시면 어떡합니까?" 그래서 3개월 동안 작정하고 기도를 했다고 합니다. 하지만 3개월 동안 기도해도 응답은 오지 않아 3개월 후에 만난 아들에게 이렇게 물어보았답니다. "너, 그동안 그렇게 열심히 공부한 거 아깝지 않느냐?" 그랬더니 그 아들의 대답이 "진짜 영광을 보고 나니까 아까울 게 아무것도 없습니다." 그 말에 목사님이 완전히 고꾸라졌고 한참 후에 "네 말이 맞다. 네 길을 가거라"라고 대답했다고 합니다.

그 아들이 이번에 신대원에 들어가고 결혼도 하게 되었는데 주례를 부탁한다고 연락이 온 것입니다. 송 목사님이 당사자인 동기 목사님의 아들을 만나보았는데 그 아들도 아들이지만 그를 따라온 신부 될 자매가 너무 안돼 보여서 "너는 어째서 이런 남자와 결혼하겠다고 하느냐?"라고 물으니 그 자매가 이렇게 말했다는 것입니다.

"제가 뭐 얘를 믿나요? 하나님을 믿지!"

우리가 다 같이 하나님을 믿는 것 같아도 다릅니다. 똑같이 하나님을 믿는 게 아니에요. 너무너무 달라요. 이 시간에 기도하면서 우리의 눈이 활짝 열려서 진짜 귀한 것이 귀하게 보이고 하나님이 이 세상과 비교할 수 없이 강한 하나님으로 보이는 눈이 열리기를 축복합니다. 진짜 귀한 분으로 하나님을 믿게 해주시기를 기도하시기 바랍니다.

우리가 일상 가운데

하나님의 역사를 경험하지 못하면

급하고 어려운 일 앞에서는 대책 없이 무너집니다.

01

하나님만 믿고 의지하지 못했던 삶을
용서하여주옵소서

그들은 말을 의지하며 병거의 많음과 마병의 심히 강함을 의지하고
이스라엘의 거룩하신 이를 앙모하지 아니하며
여호와를 구하지 아니하나니 사 31:1

하나님, 제게 혹시 이 말씀에 해당되는 것은 없습니까? 저도 모르는
사이에 세상은 커 보이고 돈도 커 보이고 권세 있는 사람이 커 보이
고…. 하나님, 저도 이런 꼴이 되지 않았습니까? 1억 원 앞에서 돈 천
원이 더 커 보이는 바보 같은 눈을 가지고 살고 있지 않습니까? 나도
모르게 사람을 의지하고 하나님을 의지하지 못했다면 주님, 용서해
주옵소서.

02

우리를 지키고 보호하시는
하나님을 바라보는 눈을 열어주소서

새가 날개 치며 그 새끼를 보호함 같이 나 만군의 여호와가
예루살렘을 보호할 것이라 그것을 호위하며 건지며
뛰어넘어 구원하리라 사 31:5

주님, 새끼를 보호하는 어미새처럼 지금 저희를 보호하시고 구원하시는 주여, 그 하나님을 바라보게 해주소서. 세상 그 어떤 것이 하나님보다 더 귀하겠습니까? 사망의 골짜기라도 두려워하지 말게 하소서. 절벽과 같은 난관 때문에 불평하지 말게 해주소서. 목자가 필요합니다. 주님이 나를 절벽으로 내모시든, 사망의 음침한 골짜기로 이끄시든, 주님이 함께하시는 것이 더 소중합니다. 주님, 그 주님을 바라보게 하옵소서.

03

매사에 하나님을 바라보고 하나님께 귀 기울이고 순종하며 살겠습니다

이스라엘 자손들아
너희는 심히 거역하던 자에게로 돌아오라 사 31:6

오늘 하루가 그렇게 되기 원합니다. 오늘도 내 일상생활에, 내가 만나는 사람들과 하루를 지내는 오늘의 일 가운데서 하나님께 귀 기울이고 주님께 순종하며 오늘도 주님의 인도를 받아 살기를 원합니다. 주님, 저희의 일상에서 살아 계신 하나님이 되시기를 원합니다. 오늘 저희가 주님께로 돌아가겠습니다. 주님께 주목하겠습니다. 주님께 귀 기울이겠습니다. 주여, 이 시간에 지시해주소서. 말씀해주소서. 오늘 해야 할 것이 무엇인지 깨닫게 해주소서.

4
DAY

하나님은
왕이시다

1 보라 장차 한 왕이 공의로 통치할 것이요 방백들이 정의로 다스릴 것이며

2 또 그 사람은 광풍을 피하는 곳, 폭우를 가리는 곳 같을 것이며 마른 땅
에 냇물 같을 것이며 곤비한 땅에 큰 바위 그늘 같으리니

3 보는 자의 눈이 감기지 아니할 것이요 듣는 자가 귀를 기울일 것이며

4 조급한 자의 마음이 지식을 깨닫고 어눌한 자의 혀가 민첩하여 말을 분명
히 할 것이라

5 어리석은 자를 다시 존귀하다 부르지 아니하겠고 우둔한 자를 다시 존귀
한 자라 말하지 아니하리니

6 이는 어리석은 자는 어리석은 것을 말하며 그 마음에 불의를 품어 간사를 행하며 패역한 말로 여호와를 거스르며 주린 자의 속을 비게 하며 목마른 자에게서 마실 것을 없어지게 함이며

7 악한 자는 그 그릇이 악하여 악한 계획을 세워 거짓말로 가련한 자를 멸하며 가난한 자가 말을 바르게 할지라도 그리함이거니와

8 존귀한 자는 존귀한 일을 계획하나니 그는 항상 존귀한 일에 서리라

왕이신 주님을
바라보십시오

—

사 32:1-8

우리나라에 위기가 왔다고 느낄 때 하나님 앞에 기도하면서 제가 두려웠던 것은 북한의 핵무기가 아니라 우리나라에 왕이 없다는 것이었습니다. 정말 두려운 것은 우리를 지켜줄 왕이 없는 것입니다. 왕이 계시면 아무리 상황이 위중해도 무서울 게 없고 걱정할 이유가 없지 않습니까?

이스라엘 백성의 고통도 왕의 문제였습니다. 물론 그들에게 왕이 있었지만 대부분 악하고 지혜롭지 못하여 나라가 위기에 처했을 때에도 백성들을 건져낼 힘이 없었습니다. 백성들은 다 왕을 바라보고 있는데, 왕들은 나라를 제대로 이끌어 가지 못하고 정치도 바르게 하지 못해서 백성들이 하나님의 말씀으로부터 점점 떠나게 만들었습니다. 그것이 이스라엘 백성들의 가장 큰 고통이었습니다.

우리도 마찬가지 아닙니까? 우리 민족의 문제도 북은 북대로 남은 남대로 다 지도자의 문제입니다. 지도자로 인한 국민들의 고통과 눈물이 많습니다. 교회는 교회대로 역시 지도자의 문제입니다.

장차 오실 새 왕

그런데 이사야가 이스라엘에 새 왕이 일어날 것을 예언했습니다.

> 보라 장차 한 왕이 공의로 통치할 것이요 방백들이 정의로 다스릴 것이며 사 32:1

이사야가 소개하는 새 왕은 이전의 왕과는 전혀 다른 왕입니다. 그 왕은 어떤 왕입니까? 그 왕은 공의로 통치하며 정의로 다스릴 것입니다.

또 그 사람은 광풍을 피하는 곳, 폭우를 가리는 곳 같을 것이며
마른 땅에 냇물 같을 것이며 곤비한 땅에 큰 바위 그늘 같으리니
사 32:2

광풍을 피하고 폭우를 가리는 곳 같고, 마른 땅에 냇물 같고
곤비한 땅에 큰 바위 그늘 같은 왕으로, 어떤 어려움이 와도 능히
백성을 지켜내고 그들을 시원하고 안전하게 하며 풍성하게 해줄
것입니다.

보는 자의 눈이 감기지 아니할 것이요 듣는 자가 귀를 기울일 것
이며 조급한 자의 마음이 지식을 깨닫고 어눌한 자의 혀가 민첩하
여 말을 분명히 할 것이라 사 32:3,4

백성들의 눈과 귀를 열어주어서 볼 것을 보고 들을 것을 듣게
하십니다. 그리고 바른 진리를 깨닫고 바른 말을 하게 해주십
니다.

이사야가 예언한 이 왕은 궁극적으로 예수 그리스도를 가리킵
니다. 우리가 믿는 우리 구주, 예수 그리스도가 이사야가 예언한
새로 오실 왕이요 만왕의 왕이십니다. 그분은 우리를 공의와 정의

로 다스리십니다. 탐욕이 있고 불의를 행하는 세상 왕과는 전혀 다른 왕이십니다.

그리고 능히 우리를 광풍에서 지키고 폭우에서 가려주고, 마른 땅에 냇물이 나게 하고 곤비한 땅에 큰 바위 그늘 같은 분이십니다. 우리의 눈을 열어 보게 하고 귀를 열어 듣게 하고 어리석은 자였던 우리를 지혜롭게 하고 바른 말을 하게 해주십니다. 예수님이 우리의 왕이십니다. 그 만왕의 왕이 우리에게 오셨습니다.

그런데 우리에게 왜 왕이 안 계시죠? 우리는 분명히 예수님을 믿고 예수님이 우리의 왕이신데, 나라가 이런 위기에 부딪쳐보니까 그리스도인들 안에도 왕이 안 계십니다. 왜 이렇게 된 거죠? 우리가 예수님을 왕이라 부르기만 했지 진정 왕으로 섬기며 순종하지 않았기 때문입니다. 실제로는 예수님께 완전한 순종의 삶을 드리며 예수님을 왕으로 모시고 살아보지 않았기 때문입니다.

정말 왕을 모시고 산다면 말 한 마디를 해도 내 맘대로 못 하고, 돈을 써도 내 맘대로 못 쓰고, 시간을 써도 내 맘대로 못 씁니다. 왕이 계시니까요.

실제로 여러분의 삶 속에서 정말 예수님이 왕이십니까? 예수님은 왕이라고 말만 하는 것은 아닙니까?

우리 마음속에 왕이 안 계시다

이것은 오늘 우리나라에도 심각한 문제입니다. 지금 이 땅에 정말 예수님을 왕으로 섬기고 사는 이가 몇이나 되겠습니까? '아, 이 사람은 내 백성이다' 하시며 예수님이 책임지실 만한 사람이 몇이나 될까요? 여러분은 그런 사람입니까?

나라를 위해서 기도할 때 회개의 기도가 터져 나오는데 주님이 제 마음에 말씀하시는 것 같았습니다.

"네가 언제 나를 진짜 믿어보았니? 언제 내가 너의 진짜 주님이고 왕이었느냐?"

나라가 위기에 부딪쳐서 하나님 앞에 다급하게 기도해보니까 하나님께서 물으시는 거예요.

"너희가 나를 왕이라 부르며 너희를 위기 가운데서 지켜달라고 기도하지만 내가 언제 너희의 왕이었느냐?"

사사 시대에 이스라엘 백성이 이방 족속에게 시달리다가 사무엘 선지자에게 하나님께 구해서 왕을 세워달라고 합니다. 그때 하나님은 너무 안타까우셨습니다. 하나님이 왕이신데 왜 사람인 왕이 필요하냐는 것입니다. 분명히 이스라엘의 왕은 하나님이셨습니다. 그러나 백성들의 마음속에는 왕이 안 계셨던 것입니다. 하나님을 왕이라고 말한다고 왕이 되는 것이 아닙니다. 믿어져야 사기꾼에게 속는 사람이 많습니다.
그러나 사기꾼에게 속은 것이 아닙니다.
사기꾼을 믿은 것입니다.

하고 의지가 되어야 왕인 것입니다. 사사 시대 사람들에게 보이지 않는 하나님은 아무런 위로도 의지도 힘도 되지 않았던 것입니다. 실제로 그들은 하나님의 명령에 순종하고 살지 않았습니다. 자기 소견에 옳은 대로 살았습니다.

지금 예수를 믿는 우리도 그와 같습니다. 분명히 하나님은 우리의 왕이신데 우리 마음속에는 왕이 없고 의지할 대상이 없어요. 내가 재정적으로 어려울 때, 건강상 어려울 때, 환난을 만났을 때 나를 보호해주고 지켜줄 왕이 내게 없다고 느끼는 것입니다. 많은 그리스도인들이 그렇게 느낍니다.

왜 그렇지요? 그냥 말만 "예수님은 왕이십니다", 찬양만 "예수 우리 왕이여"라고 할 뿐, 평소에 예수님을 진짜 왕으로 섬기고 살아보지 않았기 때문입니다. 지금도 많은 그리스도인들에게 보이지 않는 예수님은 아무런 힘도 위로도 의지도 안 되는 것입니다. 예수님을 실제로 왕으로 섬기지 않으면 결국 그렇게 되고 맙니다.

왕의 백성은 공의와 정의를 행한다

말만 "예수님이 왕이시다"라고 해서 예수님이 왕이 되시는 게 아님니다. 예수님을 왕으로 섬기는 사람들의 특징은 말에 있지 않고 공의와 정의로 행하는 데 있습니다. 왕이신 주님이 바로 공의를 행하고 정의로 다스리시는 분이기 때문입니다. 이런 예수님이 왕이시라면 나는 가정에서나 일터에서나 어디서나 공의와 정의로 행할 수밖에 없는 것입니다.

북한의 우상숭배가 큰 죄악입니다. 그런데 남한은 괜찮습니까? 남한도 북한과 비슷하게 우상숭배를 합니다. 아니, 북한사람이 남한사람을 보면 조롱할 정도입니다. 북한사람의 눈으로 보기에 남한사람이 돈밖에 모르고 다 타락했다는 거예요.

본문이 기록된 당시 이스라엘에는 금과 은으로 만든 우상이 많았고 사람들에게도 욕심과 거짓이 많았습니다. 남한도 같습니다. 교회도 크게 다르지 않습니다. 겉으로는 우리가 큰 우상을 섬기지 않아도 속마음으로는 세상 부귀와 영화와 돈을 섬기면서 삽니다. 그러면서 그 사실을 깨닫지 못하는 거죠.

한국 교회가 봉사를 많이 합니다. 통계를 보면 한국 교회는 다른 종교와 비교가 안 될 정도로 봉사와 구제를 많이 합니다. 그런데 왜 욕을 먹습니까? 그 이유를 손봉호 교수님은 교회가 불법도 같이 행하기 때문이라고 말합니다. 사회적으로 큰 위기가 닥쳤을 때, 어려운 일이 있을 때 교회가 봉사도 많이 하고 기관도 많이 세웠습니다. 그게 나쁜 것은 아닙니다. 그러나 진짜 중요한 것이 있습니다. 불법을 행하는 자가 아니어야 하는 것입니다. 탈세하고 불법과 편법을 행하며 정직하지 않다면 아무리 헌금하고 봉사해도 무슨 의미가 있겠습니까?

교회를 담당하는 공무원들, 또 교인들을 태우고 다니는 택시기사들은 정말 전도하기 힘든 분들이라고 합니다. 왜 그렇습니까? 예수 믿는 사람들의 말이나 행동에 너무 많이 실망하고 좌절했기 때문입니다. 정말 예수 믿는 사람은 불법을 행하지 않는 사람입니다. 불법을 행하지 않고 살려면 손해도 많이 봅니다. 거기에는 왕이 계시냐 안 계시냐 하는 것이 결정적입니다. 왕이 계신 사람은 손해 보고 말고가 없습니다. 왕이 계신데, 왕이신 주님이 허락하지 않는데, 왕이신 주님이 하라는데 내가 어떻게 내 마음대로 하겠습니까? 꼼짝할 수 없는 거죠. '아, 이 사람에게는 왕이 계시구나, 안 계시구나' 하는 것은 불의한 세상 가운데 공의와 정의를 행하는 것을 보고 아는 것입니다.

핵무기보다도 더 크고 강한 무기는 우리 대한민국이 공의와 정의를 행하는 나라가 되는 것입니다. 국민들 중에 억울한 자가 없고, 지도자가 정직하고, 재판이 공정하고, 외국인 노동자조차 이 땅에 오면 사람대접을 받는 그런 나라가 되면 가장 강한 나라입니다. 핵무기가 무섭지 않습니다. 왜냐하면 하나님이 이 나라를 안 지키실 수가 없으니까요. 그러면 우리 마음에 이 나라는 절대 안 망한다는 담대함이 생깁니다. 이런 나라가 되려면 그리스도인들부터 예수님을 왕으로 모시고 살아야 합니다. 이것이 이사야가 선포한 메시지입니다.

저는 예수님께서 주인이신 교회를 꿈꾸며 고집하였습니다. 그래서 예수님 한 분이면 충분하다는 믿음으로 목회해왔습니다. "교회의 주인은 담임목사도 아니고 장로도 아니고 오직 예수님이시다." 그래서 장로님들과 교회 회의를 할 때는 항상 만장일치를 통해서 결정합니다. 담임목사가 결정하지 않고 장로님들이 다수결로 결정하는 것도 아니고, 모든 목회자와 장로님들이 다 동의할 때 결정을 합니다. 예수님이 왕이시라는 것을 철저하게 지키기 위해서입니다.

주님께서 우리의 왕이심이 분명하면 충분합니다. 이건 엄청난 복입니다. 성도들이 다 예수님이 왕이신 사람이고 교회가 다 예수님이 왕이시라면 우리에게 어떤 축복이 더 필요하지 않습니다. 어떤 어려움이 와도 두려움이 없습니다. 그래서 범사에 주님을 인정하며 항상 순종만 하는 것입니다.

예수님을 왕으로 모신 자가 가장 강하다

예수님을 왕으로 섬기고 사는 사람은 특징이 있습니다.

> 끝으로 형제들아 무엇에든지 참되며 무엇에든지 경건하며 무엇에
> 든지 옳으며 무엇에든지 정결하며 무엇에든지 사랑 받을 만하며
> 무엇에든지 칭찬 받을 만하며 무슨 덕이 있든지 무슨 기림이 있든
> 지 이것들을 생각하라 빌 4:8

이런 사람이 왕을 모시고 사는 사람입니다. 사람들이 보면 딱 알아요. '저분에게는 왕이 계시구나. 저분은 자기 생각대로, 자기 이익대로 안 해. 저분에게는 왕이 계셔. 그 왕이 예수님이셔.' 가족들이 인정하고 직장 동료들이 인정하고 같은 교회 교인들이 인정합니다. 여러분이 이제는 진짜 그 삶을 살아야 합니다. 그것이 가장 큰 무기를 갖는 것이고 가장 안전한 길입니다.

"내겐 왕이 계시다."

왕이 계신 사람, 왕을 모시고 사는 사람은 먹을 것 입을 것 걱정하지 않습니다. 북한의 핵무기가 걱정이 아닙니다. 지금 우리가 할 일은 예수님을 왕으로 섬기고 사는 것입니다. 이제부터 걱정 염려는 정말 주님께 다 맡기고 모든 일에 그저 순종, 감사, 사

랑만 하며 사는 것입니다.

내가 하고 싶다고 하는 것이 아니고, 내 기분에 좋아서 하는 일도 아니고, "이게 순종인가?" 점검하며 사는 것입니다. 밥을 먹어도 이게 순종인가, 어디에 시간을 써도 이게 순종인가, 이게 감사인가, 이게 사랑인가 돌아보아야 합니다. 왕을 모시고 사는 사람은 항상 그 기준으로 살아야 합니다. 여러분이 이제부터 그렇게 살게 되기를 축복합니다.

또한 왕을 모시고 사는 것을 두려워하지 마시기 바랍니다. 어떤 사람은 왕을 모시고 사는 것을 두려워합니다. 마음대로 살지 못하니 답답하다고 생각하기 때문입니다. 그러나 이건 정말 마귀에게 속은 것입니다. 예수님을 왕으로 모시고 살면 마음대로 못하는 답답한 삶을 사는 게 아니라 마귀로부터 보호를 받는 삶을 살게 되는 것입니다.

예수님을 왕으로 분명하게 믿지 않으니까 마귀가 우리를 붙잡고 노리개로 삼는 것이지요. 마귀에게 사로잡혀서 개인이나 가정이나 직장이나 나라에 말도 안 되는 어려운 일들이 벌어지는 것입니다. 우리가 예수님을 진짜 왕으로 모시고 살기 시작하면 마귀가 손을 못 댑니다.

귀 뚫린 종의 축복

청주 사도교회를 담임하셨던 차재용 목사님이 초년에 시골 교회에서 목회하실 때, 아무리 애를 써도 교회는 성장하지 않고 교인들은 변화도 없고, 목회가 너무 어려워서 좌절감으로 얼마나 갈등했는지 모른다고 합니다. 그러던 어느 주일, 설교를 하는데 안면근육에 마비가 와서 교인들이 다 보는 앞에서 얼굴이 틀어지는 일이 생겼습니다. 설교도 마무리하지 못하고 내려와서 그 길로 기도원에 올라가셨습니다. 금식기도를 했습니다. 말이 금식기도지 하나님 앞에 처절하게 몸부림을 쳤습니다.

"하나님, 저를 목사로 세우시고 이 꼴이 뭡니까? 목회는 안 되고 설교는 저에게 너무 큰 스트레스고…."

나흘째 되던 목요일 밤에 하나님의 음성을 세 번 들으셨다고 합니다.

"귀 뚫린 종아! 귀 뚫린 종아! 귀 뚫린 종아!"

목사님이 성경을 찾아보았더니 출애굽기 21장 2절에서 6절에 귀 뚫린 종에 관한 규정이 나와 있었습니다. 히브리인들은 돈이 없어서 남의 집 종으로 팔리면 6년 동안은 종으로 살지만 7년째에는 자유인이 되어 풀려나게 되어 있습니다. 누구든 완전한 종으로 영원히 살지 않도록 하신 하나님의 법이었습니다. 그런데 만일 이 사람이 계속 종이 되기를 원하면 주인이 그를 재판장에게 데려갑니다. 그리고 그를 문이나 문설주 앞에 데리고 가서 송곳으로 그 귀를 뚫으면 그가 영원히 그 주인을 섬길 것이라고 했습니다.

귀 뚫린 종이 되면 세 가지 단점이 있는데 하나는 귀를 뚫을 때 너무 고통스러운 것, 어디를 가도 종이라는 표시가 나는 것, 더 좋은 곳이 있어도 갈 수 없다는 점입니다. 반면 장점도 있는데 첫째, 노예 상인으로부터 보호를 받습니다. 이미 주인이 있으니 어디 가서 이 사람을 노예로 팔 수도 없지요. 둘째, 주인이 열쇠를 맡깁니다. 귀 뚫린 종은 이제 어디로 떠나지 않으니 주인이 믿고 모든 것을 맡길 수 있는 것이지요. 셋째, 주인과 한 상에서 밥을 먹을 수 있습니다. 이제는 주인과 한 가족이 됐기 때문입니다.

"하나님, 저는 하나님의 영원한 종, 귀 뚫린 종입니다."

차재용 목사님은 하나님이 자신을 귀 뚫린 종으로 받으셨다는 사실이 정말 마음에 믿어져서 믿음으로 받아들이고 뜨겁게 눈물을 흘리며 새 힘을 얻었다고 했습니다. 그리고 마음에 목회의 스트레스, 개인적인 열등감, 그런 것들이 다 사라져서 정말 주님께 다 맡기며 평생 목회를 잘하실 수 있었습니다.

귀 뚫린 종에게 무슨 걱정이 있겠으며 마귀가 그를 어떻게 건

우리의 일상생활이 그렇게 중요합니다.
우리는 일상에서
예수님이 우리의 왕 되심이 분명한
성도가 되어야 합니다.

드리겠습니까? 또 하나님이 모든 열쇠를 다 맡겼고, 하나님과 한 가족이 되어 한 식탁에서 함께 먹습니다. 귀 뚫린 종은 상속도 받습니다. 이것이 "예수님이 나의 왕"이시라고 고백하고 사는 자의 심정이며 축복입니다. 예수님은 나의 왕이십니다.

하나님을 부인하는 어리석은 자

예수님을 왕으로 여기지 않는 자는 어리석은 삶을 사는 것입니다. 이사야는 그런 사람을 "어리석은 자"라고 불렀습니다.

> 어리석은 자를 다시 존귀하다 부르지 아니하겠고 우둔한 자를 다시 존귀한 자라 말하지 아니하리니 사 32:5

하나님을 부인하는 자가 가장 어리석은 자입니다. 하나님을 부인하는 자는 결국 비참해집니다.

> 이는 어리석은 자는 어리석은 것을 말하며 그 마음에 불의를 품어 간사를 행하며 패역한 말로 여호와를 거스르며 주린 자의 속을 비게 하며 목마른 자에게서 마실 것을 없어지게 함이며 사 32:6

박보영 목사님이 남해안 어촌 마을 교회에 집회를 갔는데 두 할머니 권사님이 식사를 정성껏 대접해주셨다고 합니다. 이 두 권사님은 어릴 때부터 동네에서 같이 지내던 분들인데, 식사 후에 두 할머니가 6.25 전쟁 때 겪은 일을 이야기하며 정말 마음에 풀어지지 않는 질문이 있다고 하였습니다.

6.25 때 공산군이 남해안의 그 마을까지 쳐들어와 사람들을 공터에 모아 놓고 총을 들이대며 "예수 믿는 사람은 오른쪽으로, 예수 안 믿는 사람은 왼쪽으로 가라"고 했습니다. 그때 분위기는 예수 믿는 사람을 다 죽일 것 같았답니다. 그 마을에 교회 다니는 사람들이 많았는데 다들 쭈뼛쭈뼛했습니다. 그런데 교회 장로님 한 분이 예수를 안 믿는다고 왼편으로 가서 서는 것이었습니다. 그 분이 교회 장로인 줄을 동네 사람들이 다 아는데 말입니다. 그리고 교인들 대부분이 다 왼쪽으로 가서 섰습니다.

당시 나이 어린 처녀였던 두 자매는 차마 예수 안 믿는다고 할 수 없어서 오른편으로 가 섰습니다. 그쪽에는 두 자매뿐이었습니다. 그런데 공산군이 두 자매에게 가라고 하더니 남은 사람은 다 총살했다는 것입니다. 그래서 두 분이 '그 공산군이 예수 믿는 사람이었나?' 이렇게 생각하기도 했다고 합니다.

그래서 박 목사님이 "그럴 리가 있나요. 예수를 믿으면서 예수 안 믿는 사람을 총으로 쏴 죽이는 사람이 어디 있습니까? 아마 공산군이 마주보고 있었기에 오른편 왼편을 착각했겠지요"라고 대답하셨다고 합니다. 공산당과 사람들이 보는 방향이 서로 다르니까 두 자매는 오른쪽으로 간다는 게 공산당 보기에 왼쪽으로 가서 공산당이 보내주고, 그 장로님은 왼쪽으로 간다는 게 공산당 보기에는 오른쪽으로 가서 죽은 게 아니겠느냐는 것입니다. 배교하려고 해도 지혜가 있어야 될 것 같습니다.

하나님을 부인하는 것은 정말 어리석은 일입니다. 사람이 바보가 되어서 멸망과 파멸의 길이 좋아 보이고 하나님이 주시는 축복의 길은 너무 어리석어 보이는 거예요.

무신론 철학자 니체가 "신은 죽었다"라고 선언한 이후, 세상에는 알게 모르게 하나님이 죽었다는 믿음이 퍼졌습니다. 그 결과 100년이 지난 지금 무서운 세상이 되었습니다. 무신론이 정말 무서운 것입니다. 하나님이 안 계시다고 인정하고 나면 그다음부터 끔찍한 일이 벌어집니다. 얼마 전에 미국 라스베이거스에서 일어난 엄청난 총기 난사 사건은 하나님을 부인하는 세상이 얼마나 끔찍한지를 보여주는 사건입니다.

하나님이 안 계시다 하고, 하나님이 나의 왕이시라는 것을 부인하기 시작하면 그다음부터는 무서울 게 없어지고 사람이 끔찍

할 대로 끔찍해집니다. 공산주의가 그렇습니다. 하나님을 부인
하는 무신론자들인 공산주의자들이 얼마나 많은 사람들을 죽였
습니까? 하나님을 두려워하지 않는 사람은 무슨 일이든지 서슴
지 않고 저지를 수 있습니다. 하나님을 부인한 것 자체가 너무나
어리석은 것입니다. 북한의 김정은이 핵무기를 만지작거리는 것도
하나님을 부인하기 때문에 어리석은 일을 하는 것입니다.

　우리나라도 급속히 무신론 사회가 되어가고 있습니다. 그런
상황에서 우리 기독교인들이 적당히 믿으면 안 됩니다. 그랬다가
는 다 죽습니다. 철저한 그리스도인이 되어야 합니다.

왕이여, 물 위로 걸어오라 하소서

그러면 우리는 어떻게 살아야 합니까? 예수님이 나의 왕이신 것을
분명하게 알고 살아야 합니다. 부활의 주님을 바라보며 예수님이
왕인 삶을 살아야 합니다.

> 존귀한 자는 존귀한 일을 계획하나니 그는 항상 존귀한 일에 서리
> 라 사 32:8

존귀한 자는 하나님이 왕이신 사람입니다. 존귀한 사람은 항상 존귀한 생각만 하고 항상 존귀한 일에 섭니다.

"존귀한 일을 계획하나니"

생각이 다릅니다. 소원이 다릅니다.

"항상 존귀한 일에 서리라"

일상이 존귀한 삶이라는 말입니다. 가정 일을 볼 때나 직장생활을 할 때나 밥을 할 때나 누구를 만날 때나 비즈니스를 할 때나, 어디서든지 우리는 존귀한 자입니다. 우리의 일상생활이 그렇게 중요합니다. 우리는 일상에서 예수님이 우리의 왕 되심이 분명한 성도가 되어야 합니다.

베드로에게는 실패의 스토리가 많습니다. 덤벙대다가 실수도 많이 했습니다. 물론 그가 가만히 있었다면 실패도 하지 않고 부끄러움도 당하지 않았을 것입니다. 그러나 베드로는 결코 실패자가 아닙니다. 그는 물에 빠진 사람이 아니라 물 위를 걸은 사람입니다. 다른 제자들은 물에 빠지지 않았지만 물 위를 걷지는 못하였습니다. 베드로가 물 위를 걸은 것은 정말 대단한 순종입니다. 그리고 일평생 그의 삶에 기초가 된 사건입니다.

예수님이 왕이신 사람은 오늘 하루도 여러 번 물 위를 걷습니다. 도무지 안 될 것 같고, 이러면 망할 것 같고, 이건 내게 손해

우리나라가 급속히 무신론 사회가 되어가고 있습니다.
그런 상황에서 우리 기독교인들이 적당히 믿으면 안 됩니다.
그랬다가는 다 죽습니다.
철저한 그리스도인이 되어야 합니다.

고, 이렇게 하면 사람들이 나를 바보라고 할 것 같지만 그래도 내 게는 왕이 계신데 어떻게 해요. 주님이 오라고 하시는데…. 그래서 한 걸음 물 위로 발을 내딛는 것입니다. 이것이 오늘 하루의 삶 속에서 고스란히 실제입니다.

하지만 극히 일부만 주님의 부름에 순종하여 물 위를 걷는 기적을 경험할 뿐 많은 그리스도인들이 주님의 부름에 순종하지 못하고 구경만 하며 살아갑니다. 예수를 믿으면서도 아직까지 그런 믿음이 아니기 때문입니다. 아직 믿지 못하는 것입니다.

사기꾼만큼도 믿지 못할 왕인가?

사실 우리는 수없이 믿음으로 살아가고 있습니다. 차를 운전해도 믿음이 있어야 하고, 비행기를 타도 믿음이 있어야 합니다. 무슨 일이 어디서 어떻게 벌어질지 모르잖아요. 이제 라스베이거스를 가려고 해도 믿음이 있어야 가겠더라고요. 삶의 모든 순간에 우리가 사실은 온통 믿음으로 살고 있습니다. 그러면서도 하나님은 믿지 못합니다. 주님의 말씀은 자꾸 의심합니다. 하나님의 말씀대로 살려고 하면 안 될 것 같고 못 할 것 같아서 두려워하고 염려합니다.

사기꾼에게 속는 사람이 많습니다. 그러나 사기꾼에게 속은 것이 아닙니다. 사기꾼을 믿은 것입니다. 사기꾼은 그렇게 덜컥 믿어서 재산 다 갖다 바치고 어려움을 겪으면서, 하나님을 한 번 제대로 믿어보지 못합니다. 사기꾼 믿는 만큼도 하나님을 믿어보지 못하니까 우리의 삶이 이렇게 된 것입니다.

죠이선교회 겨울 수양회 때, 많은 대학생들이 하나님께 자신의 삶을 온전히 헌신하겠다는 결단을 하였습니다. 그러나 여러 대학생들이 하나님의 복된 초청을 듣고도 깊이 고뇌할 뿐 결단하지 못하는 모습도 보였습니다. 마치 부자 청년이 "네 소유를 다 팔아 가난한 자들에게 나눠주고 와서 나를 따르라"고 하신 예수님의 부름 앞에서 고민하다가 떠나버리는 것을 보는 것 같았습니다.

외무고시를 준비하는 한 자매는 울면서 "목사님, 하나님께서 제게 외무고시를 보지 말라고 하시면 어떻게 하지요?"라고 물어 왔습니다. 그래서 하나님께서 그렇게 말씀하시더냐고 물으니 "그렇지는 않았지만, 만약에 그러신다면 어떻게 하나 하고 걱정이 되어서요. 하나님께 제 삶을 완전히 헌신할 자신이 없어요"라고 했습니다.

그때 저는 그 자매 안에 하나님에 대한 불신이 있음을 보았습

극히 일부만 주님의 부름에 순종하여

물 위를 걷는 기적을 경험할 뿐

많은 그리스도인들이 주님의 부름에 순종하지 못하고

구경만 하며 살아갑니다.

니다. 그래서 자매를 위하여 기도할 때 "하나님, 이 자매에게 하나님이 얼마나 좋으신 분인지, 얼마나 사랑이 많으신 하나님이신지 알게 해주세요"라고 기도했습니다. 그 자매는 펑펑 울었습니다. 그리고 그다음 집회 때 자신을 하나님께 완전히 의탁할 수 있게 되었습니다.

우리가 머리로는 '하나님의 말씀에 순종하면 복을 받고 세상을 따라 살면 망한다'라고 생각합니다. 그러나 실제로 믿고 사는 것은 정반대입니다. '하나님의 말씀대로 하면 망하고 세상 따라 해야 먹고 살 것이다' 이런 믿음에서 속히 돌이켜야 합니다.

왜 나를 의심하느냐?

몬트리올교회로 집회를 갔을 때 집회가 끝나고 기도해드리는 시간을 가졌는데 그때 엄청나게 많은 분들이 기도를 받고 가셨습니다. 그런데 어느 여 권사님 한 분이 교인들이 기도 받는 것을 잘 도와주시더라고요. 저는 전도사님인 줄 알 정도였습니다. 교인들이 기도를 받고 다 돌아가시고 거의 새벽이 가까웠을 때 그 권사님이 자기를 위해서도 기도를 해달라고 부탁하셨습니다. 저는 좀 지치기는 했지만 끝까지 섬겨주신 것이 너무 감사해서 "아, 당연히 그러서야죠. 무슨 기도 제목이 있으십니까?" 그랬더니 "그냥 목사님이 알아서 기도해주세요"라고 하시는 거예요. 무슨 사정이 있으신 것 같긴 한데 말씀은 안 하시고 저보고 무슨 예언기도를 하라는 것처럼 "목사님이 알아서 기도해주세요" 이럴 때가 진짜 어렵습니다.

그래서 그 분의 머리에 손을 얹고 '주님, 무엇을 위해서 기도해야 됩니까?' 하고 마음으로 기도를 드렸는데 순간 하나님이 주시는 마음이 너무 강해서 그냥 한 마디로 말씀을 드렸습니다.

"왜 나를 의심하느냐?"

저는 무슨 사정인지 무슨 뜻인지 전혀 모릅니다. 그냥 그 한 마디, 머리에 손을 얹고 기도했을 뿐인데 그 분이 떼굴떼굴 구르며 얼마나 통곡을 하는지….

지금도 마음에 주님을 의심하는 분들이 많을 것입니다.

"지금 나와 함께 계실까?"

"진짜 내게 말씀하실까?"

"주님 뜻대로 하면 잘 될까?"

주님이 말씀하십니다.

"왜 의심하느냐?"

예수님이 나의 왕이신 것을 분명히 고백하고 사십시다. 그것이

나라를 살리는 길입니다. 이제 정말 하나님이 나의 왕이신 것을 고백하고, 말씀 안 해주시면 순종하지 못해도 주님이 깨우쳐주시고 오늘 나에게 지시하시면, 나는 이제부터 순종밖에 없다고 결단하며 나아갔으면 좋겠습니다.

> 그리스도께서 우리를 자유롭게 하려고 자유를 주셨으니 그러므로 굳건하게 서서 다시는 종의 멍에를 메지 말라 갈 5:1

다시는 종의 멍에를 메지 마십시오. 하나님의 은혜를 입고 사시기를 바랍니다.

01

우리가 항상 마음에 예수님을 왕으로 모시고 살게 하여주소서

보라 장차 한 왕이 공의로 통치할 것이요
방백들이 정의로 다스릴 것이며 사 32:1

왕이신 예수님, 주님은 이미 제 마음에 오셨습니다. 이제 항상 왕을 모시고 사는 것을 명심하고 오늘 하루도 주님이 주시는 말씀대로만 순종하고 살겠습니다. 이 땅의 지도자들과 교회의 지도자들도 다 예수님을 왕으로 모시고 살게 하여주옵소서.

02

다시는 어리석고 우둔한 길에 빠지지 않게 하여주소서

어리석은 자를 다시 존귀하다 부르지 아니하겠고
우둔한 자를 다시 존귀한 자라 말하지 아니하리니 사 32:5

주여, 이제 더 이상 하나님을 부인하고 하나님의 왕 되심을 거부하는 어리석고 바보 같은 삶을 살지 않겠습니다. 이것이 우리 가족과 자녀들을 위한 기도가 되기를 원합니다. 하나님을 믿는다고 하면서도 예수님의 왕 되심을 부인하는 삶을 사는 사람이 가족 중에 있습니까? 자녀들이 그렇습니까? 하나님, 그 어리석은 길에서 속히 돌아오게 해주옵소서.

03

예수님을 왕으로 모시고
존귀한 자의 삶을 살게 하소서

존귀한 자는 존귀한 일을 계획하나니
그는 항상 존귀한 일에 서리라 사 32:8

하나님, 오늘부터 우리의 모든 삶이, 이 말씀이 그대로 이루어지는 삶이 되게 해주옵소서. 우리의 생각과 계획이 언제나 존귀한 일이 되게 하시고, 우리가 매일 모든 일상에서 항상 존귀한 일에 서게 하여주옵소서. 우리나라가 그렇게 되게 하여주소서. 우리 교회가, 한국 교회가 그렇게 되게 하여주소서. 예수님을 왕으로 모시고 사는 존귀한 자의 삶을 살게 해주시옵소서.

5
DAY

성령으로
기도하라

9 너희 안일한 여인들아 일어나 내 목소리를 들을지어다 너희 염려 없는 딸들아 내 말에 귀를 기울일지어다

10 너희 염려 없는 여자들아 일 년 남짓 지나면 너희가 당황하리니 포도 수확이 없으며 열매 거두는 일이 이르지 않을 것임이라

11 너희 안일한 여자들아 떨지어다 너희 염려 없는 자들아 당황할지어다 옷을 벗어 몸을 드러내고 베로 허리를 동일지어다

12 그들은 좋은 밭으로 인하여 열매 많은 포도나무로 인하여 가슴을 치게 될 것이니라

13 내 백성의 땅에 가시와 찔레가 나며 희락의 성읍, 기뻐하는 모든 집에 나리니

14 대저 궁전이 폐한 바 되며 인구 많던 성읍이 적막하며 오벨과 망대가 영원
히 굴혈이 되며 들나귀가 즐기는 곳과 양 떼의 초장이 되려니와

15 마침내 위에서부터 영을 우리에게 부어 주시리니 광야가 아름다운 밭이
되며 아름다운 밭을 숲으로 여기게 되리라

16 그 때에 정의가 광야에 거하며 공의가 아름다운 밭에 거하리니

17 공의의 열매는 화평이요 공의의 결과는 영원한 평안과 안전이라

18 내 백성이 화평한 집과 안전한 거처와 조용히 쉬는 곳에 있으려니와

19 그 숲은 우박에 상하고 성읍은 파괴되리라

20 모든 물 가에 씨를 뿌리고 소와 나귀를 그리로 모는 너희는 복이 있느니라

오직 성령으로
살아야 합니다

—

사 32:9-20

명절인데도 나라를 위한 기도의 책임을 지난 닷새 동안 감당하신 여러분을 진심으로 축복합니다. 하나님께서 주시는 마음이 특별하다고 생각합니다. 그리고 이 기도의 감각을 계속 놓치지 않으셨으면 좋겠습니다.

　추석 명절에 특별새벽기도회를 하니까 다른 교회 목사님이나 교인들 중에는 "교인들을 너무 혹사하는 것이 아니냐" 하면서 좀 의아해하는 분들도 계셨습니다. 그래서 추석 명절을 가족과 함께 보내야 할 이들은 자유롭게 명절을 다 쇠도록 했다고 하니 "마음 편히 보내야지 교회에서는 특별새벽기도회를 하고 있는데 명절이 명절로 느껴지겠느냐?" 하셨습니다. 그래서 제가 '교우들의 마음을 좀 힘들게 했구나' 하는 생각도 들었지만, 오늘 말씀을 읽으며 이번에 기도하게 된 것이 주님이 주신 마음이었다는 것을 다시 한번 깨달았습니다.

이렇게 추석 명절에 특별새벽기도회를 하게 된 것은 나라는 정말 어려운 형편 속에 처했는데 우리의 기도에는 특별한 변화가 없기 때문입니다. 나라에 큰 위기가 닥쳤는데, 성도들이 위기 상황에 반응하여 기도하지 않는 것 같아 당황스러웠습니다. 머리로는 위기인 것을 알고 '아, 큰일이다. 이러다가 정말 전쟁이라도 나면 어떡하나?' 하는데 여전히 먹는 것, 즐거운 것, 재미있는 것만 찾아다니는 것을 보면서, 처음에는 '한국 교회 교인들의 믿음이 이 정도로 강했단 말인가?' 하는 생각도 들었습니다. 그렇다면 그것은 성령충만이겠지요. 그런데 우리가 정말 성령충만해서, 어떤 어려움이 와도 요동하지 않는 믿음의 용사들이기 때문에 그렇습니까? 우리의 삶을 가만히 돌아보면 실제로 우리가 믿음의 용사라고 말하기는 어렵습니다.

평안이 아닌 영적 무감각

그럼 도대체 이 평안은 무엇일까요? 믿음이 커서 그런 것이 아니라 심각한 영적 무감각에 빠진 것입니다. 성령께 반응이 안 되고, 위기가 와도 위기를 느끼지 못하는 것입니다. 아프면 아파야 정상인데 말입니다.

제가 군목이었을 때 다리 부상으로 입원해 있었는데 그때 제 옆에 있던 육군 소위는 지뢰를 밟아서 발목이 잘려 나갔습니다. 나이도 스무 살밖에 안 되었습니다. 그런데 군의관이 매일 회진할 때마다 그에게 와서 하는 일이란 바늘로 종아리 부분을 찔러보는 것이었습니다. 그러면서 아프냐고 물어봅니다. 그러면 이 소위는 안 아프다고 했어요. 그리고 며칠이 지나서 무릎 위를 잘라야 된다는 거예요. 울부짖는 육군 소위 옆에서 위로해주고 기도하는 저도 너무 마음이 아팠습니다.

감각이 없는 병, 감각이 죽어버리는 것은 정말 무서운 병입니다. 어려우면 어려운 대로 반응을 해야 하는데 어려운 형편이 눈앞에 다가오는데도 전혀 기도가 안 된다면 이것은 너무 두렵고 심각한 문제입니다. 그래서 나라를 위한 비상 릴레이 금식기도를 시작했습니다. 또 명절이 하나님이 주신 축복의 시간이기는 해도 영적으로 더 수렁에 빠지는 시간이 되면 안 되겠다는 생각으로 특별새벽기도회를 하게 된 것입니다.

올해 추석에 특별새벽기도회를 한 것은 절대로 담임목사가 별나서가 아니라 지금 우리나라가 명절인데도 기도해야 하는 형편이기 때문입니다. 느헤미야 당시의 백성들도 그렇게 했습니다. 한 손에 무기를 들고 일하면서 성벽을 쌓았습니다. 지금 우리도 그와 마찬가지로 명절도 지내야 하지만 기도도 하자는 것입니다.

우리 마음속에 어떤 때는 이게 믿음인가 하는 생각이 들 정도로, 위기가 오는데도 마음이 평안할 때가 있습니다. 어려운 일이 닥쳐도 편안한 마음이 되는 믿음은 정말 소중합니다. 그러나 영적으로 무감각해져서, 기도해야 된다는 생각은 드는데 기도는 안 될 때가 있습니다. 위기가 온다고 생각은 하지만 여전히 세상 바라보고 좋아하며 희희낙락하고 있다면 그것이 정말 심각한 위기입니다.

이사야가 지금 그 말씀을 하고 있습니다.

안일한 백성을 향한 경고

너희 안일한 여인들아 일어나 내 목소리를 들을지어다 너희 염려

"너희 안일한 여인들아… 너희 염려 없는 딸들아…."

이사야는 하나님의 말씀을 듣고 앗수르가 곧 이스라엘을 무너뜨릴 것과, 바로 뒤에 일어나는 바벨론이 완전히 이스라엘을 망하게 할 것을 알았습니다. 그런데 자기 백성들을 보니까 기가 막혔어요. 백성들이 모두 "설마" 하고 있는 거예요.

"설마 그런 일이 일어나겠나. 우리가 하나님의 택한 백성인데."

"여기 하나님의 성전이 있는데 설마 예루살렘이 무너지겠나."

환난이 임박했는데도 여전히 세상과 짝하여 허영과 사치와 향락에 젖어 있는 이스라엘 백성들을 보면서 안일한 여인들, 염려 없는 딸들이라고 표현한 것입니다.

이것은 여자들을 가리켜 말하는 게 아닙니다. 이스라엘 백성을 '간음한 아내'라고 하셨잖아요. 온 이스라엘 백성이 지금 그런 상태에 있다는 것입니다.

꼭 우리보고 하는 말씀 같아요. 나라는 위기에 처했는데, 바깥에서는 난리가 났는데 우리는 너무 안일하고 염려가 없어요. 머리로만 걱정하는 것은 진짜 걱정이 아닙니다. 정말 내가 나라를 염려한다면 기도하게 되어야 그게 진짜입니다.

너희 염려 없는 여자들아 일 년 남짓 지나면 너희가 당황하리니 포
도 수확이 없으며 열매 거두는 일이 이르지 않을 것임이라 사 32:10

정말 "악" 소리가 나올 때가 온다는 것입니다. 하나님께서 우
리로 하여금 꼼짝없이 기도하게 만드실 간단한 방법이 있습니다.
먹을 것이 없어 긴 배급 줄을 서야 하고 옆 사람들이 죽어가는 것
을 보게 된다면 누구나 다 하나님 앞에 살려달라고 매달릴 것입
니다. 그때는 기도하라 마라 할 것도 없습니다. 이런 상황에 이르
러서야 기도하는 것은 심각한 문제입니다. 개인의 형편도 마찬가
지입니다. 여러분의 삶에서도 앞으로 어떤 일이 어떻게 닥칠지 모
릅니다. 그런데도 지금은 형편이 넉넉하고 평안하니까 기도가 안
된다면 그것은 심각한 문제입니다.

부유하고 형편이 괜찮은 교회에 가면 "우리 교회는 그렇게 기
도를 크게 하는 교회가 아닙니다", "우리 교회는 '아멘'을 크게 하
지 않습니다"라는 이야기를 흔히 듣습니다. '우리는 성향이 그런
성향이다, 기도를 해도 조용히 하는 성향이니까 통성기도 시키거
나 말씀을 전할 때 교인들의 반응이 뜨겁지 않더라도 양해하라'
는 것이지요. 그런데 그것은 교만함일 수 있습니다.

"악" 소리 나오는 다급한 상황이 벌어졌을 때도 믿음으로 조용

이성으로 앞이 보이지 않는데

성령께서는 계속하여 기도를 시키십니다.

그럴 때 순종하여 기도하는 것이 믿음의 기도입니다.

히 기도한다면 그것은 성향의 문제이겠지만, 형편이 좋아서 크게 기도하지 못하는 것은 기도가 죽은 것이고 영적인 잠에 빠진 것입니다. "악" 소리 나오는 상황이 닥치지 않으면 기도가 안 되는 것은 심각한 일입니다.

> 그들은 좋은 밭으로 인하여 열매 많은 포도나무로 인하여 가슴을 치게 될 것이니라 사 32:12

당장 어려움이 없다고 평안해 하는 자는 어려움이 닥칠 때 다 무너져버립니다. 우리에게 언제 급하고 두려운 날이 올지 모릅니다. 이사야는 그것을 보았습니다. 그러니 여전히 기도하지 못하고, 하나님 앞에 철저히 회개하지 못하고, 말씀대로 살지 못하는 유다 민족이 너무 마음이 아픈 겁니다.

성령을 구하라

이 나라에 위기가 오고 지금 정말 큰일이 일어날 수도 있는 상황인데, 그때 가서 당황하고 우왕좌왕하지 않으려면 우리는 준비를 하고 살아야 합니다. 그렇다면 우리는 무엇을 준비해야 합니까?

154

이사야는 하나님이 우리에게, 이스라엘 민족에게 성령을 보내주실 것이라고 말합니다.

> 마침내 위에서부터 영을 우리에게 부어주시리니 광야가 아름다운 밭이 되며 아름다운 밭을 숲으로 여기게 되리라 사 32:15

이사야는 하나님께서 주실 성령을 약속하고 있습니다. 그렇습니다. 우리는 성령을 구해야 합니다. 성령이 오시면 모든 위기가 해결됩니다. 나라가 어려움 당하고 개인적으로 여러 가지 위기 상황이 눈앞에 있을 때 명심할 것은 우리가 성령을 구하고 성령을 따라 살아야 한다는 점입니다. 바로 그것이 위기를 이기는 길입니다. 우리가 구할 것은 강대국이 아니라 성령이십니다.

"강대국을 의지하지 말자, 하나님만 의지하자"라고 하면 많은 분들이 그러면 대체 어떻게 하자는 것이냐고 묻습니다. 당장 미국이나 중국은 힘 있게 우리를 도와줄 것 같은데 하나님은 너무 막연하다고 느낍니다. 그런데 이런 믿음의 상태를 빨리 바꿔야 한다는 것입니다. 성령의 역사하심이 내게 실제이고 하나님이 세상보다 훨씬 커 보이는 상태가 되지 않으면 이 위기를 이길 수가 없습니다. 개인적으로도 마찬가지입니다. 어려운 일이 닥쳐와도 하나님이 더 커 보이면 살 길을 반드시 알게 됩니다.

성령님이 우리에게 오셔서 하시는 일은 우리를 인도하시는 것입니다. 성령이 오시면 모든 상황이 바뀝니다. 성령이 임하셨을 때 놀라운 역사가 일어납니다.

> … 광야가 아름다운 밭이 되며 아름다운 밭을 숲으로 여기게 되리라 그 때에 정의가 광야에 거하며 공의가 아름다운 밭에 거하리니 사 32:15,16

하나님의 성령이 임하면 황폐하고 메말랐던 땅이 아름다운 밭이 되며, 아름다운 밭을 산림으로 여기게 될 것이라고 하십니다. 황폐하고 황량했던 그 광야가 아름다운 밭이 되어 사람들이 거기 살면서 농사짓는다는 뜻이지요. 그리고 공의와 정의가 온전히 행하여지고 죄악이 다 떠나고 진정한 평안이 온다는 것입니다. 살기 좋아서, 아직까지 큰일이 일어나지 않았기 때문에 평안한 것은 진정한 평안이 아닙니다. 성령이 오실 때에는 그런 불신앙적 평안이 아니고 진정한 평안이 임하게 된다는 것입니다.

성령이 오시면 우리 영혼과 삶에 생명이 넘쳐서 풍성한 열매가 맺히고, 공의와 정의가 온전히 실행되어 악의 세력과 죄가 사라지고 진정한 평안이 임하게 됩니다. 따라서 지금 우리는 개인이나 나라를 위해서 성령을 구해야 합니다. 성령께서 우리 가운데 오셔서 우리를 이끄시고 이 나라도 지켜주시도록 기도해야 합니다.

이런 것도 믿음인가요?

그런데 우리 가운데 성령이 이미 임하셨지 않습니까? 성령이 임하셨으니까 우리가 예수님을 믿는 것이 아니겠습니까? 이미 오신 성령님을 뭘 또 구하라는 건가요? 성령이 임하시기를 기도하는 것은 대체 뭘 어떻게 하라는 것일까요?

지금 우리에게 필요한 것은 성령께 반응하는 믿음입니다. 단순히 성령을 구하라는 것이 아닙니다. 우리는 가만히 있고 성령께서 모든 것을 다 바꾸어주시는 것이 아닙니다. 우리에게 이미 성령이 임하여 계신데도 우리가 무기력한 것은 성령께 반응하지 않기 때문입니다.

성령을 구한다는 게 어떤 것인지, 성령께 반응하는 것이 무엇인지 주님께서 제게 깨우쳐주신 사건이 임현수 목사님의 석방이었습니다. 임현수 목사님이 석방되신 후 제가 캐나다 큰빛교회 집회에 갔을 때 어느 성도님이 "목사님, 기도는 간절히 했지만 솔직

히 이렇게 석방될 줄은 정말 몰랐어요"라고 고백하시며 "이런 것
도 믿음인가요?" 하고 물었습니다. 이분은 그동안 목사님이 석방
되게 해달라고 간절히 기도는 했습니다. 그러면서도 언제까지 이
렇게 매일 기도해야 하나 하는 생각에 시달리기도 했다는 것입니
다. 그리고 그 일이 정말 꿈과 같이 이루어졌습니다.

그런데 실제로 목사님이 석방되어 나오니까 '아, 내가 이렇게
될 걸 믿고 있었나?' 생각해봤더니 그건 아니었다는 것입니다. '어
떻게 풀려날 수 있을까? 진짜 풀려날 수 있을까? 남북 간에, 그리
고 미국과 북한 간에 위기는 점점 심해지는데 이러다가 돌아가시
는 거 아니야?' 이런 생각까지 했는데 어느 순간 갑자기 석방되어
나오시니까 이것도 믿음이었나 싶더라는 것입니다. 여러분은 어
떻게 생각하시나요?

이런 사건이 사도행전에도 나옵니다. 야고보 사도가 순교한
후 이어서 베드로도 붙잡혀 감옥에 들어갔습니다. 진짜 죽을 수
있는 상황이었습니다. 그때 교회는 베드로를 위해 간절히 기도하
는 수밖에 없었습니다. 그런데 주님의 천사를 통해서 베드로가
풀려났습니다. 그리고 성도들이 많이 모여서 기도하는 집의 대문
을 두드리니 안에서 모여 기도하던 사람들이 베드로가 풀려난 사
실을 믿지 못한 것입니다. 자기들이 살려 달라, 풀려나게 해달라

고 기도해놓고 막상 풀려났는데도 베드로가 살아 나왔다고 믿지 못한 거예요.

그럼 이 믿음은 도대체 무슨 믿음이죠? 이런 믿음에도 하나님이 응답하십니까? 하나님께서는 그들이 기도에 대한 응답을 확신하지는 못했어도 주님을 바라보는 믿음으로 기도한 것임을 깨우쳐주셨습니다. 임현수 목사님을 위해서 기도할 때나 베드로를 위해서 기도할 때 우리가 다 생각이 있잖아요. '이건 안 되는 일이야, 이건 정말 끝난 일이야' 머리로는 그렇게 생각이 들어요. 이성으로는 믿어지지 않고 안 될 일 같으니까 풀려날 것을 믿지 못했지만, 도무지 이루어지지 않을 것 같은 일을 위해서도 성령께서는 계속 기도를 시키신 것입니다.

그러니까 석방되리라 믿지는 못했지만 계속 기도하게 하시는 성령의 인도하심에 순종하는 믿음이 있었던 것입니다. 주님이 나와 함께 계시고 내게 기도를 지시하시고 주님이 이끄시는 대로 주님을 바라보면서 계속 기도한 것이지요. 주님을 바라보는 이 믿음이 엄청난 믿음입니다. 무슨 일이 이루어질 거라고는 도무지 믿어지지 않지만 성령을 따라서 기도한 그 믿음에 하나님이 역사하신 것입니다.

지금 성령님을 구하라는 것은 내 눈에는 도무지 안 될 것 같아

무슨 일이 이루어질 거라고는

도무지 믿어지지 않지만

성령님을 따라서 기도하는 그 믿음에

하나님이 역사하신 것입니다.

보여도, 되고 안 되고를 내가 판단하지 말고 성령님이 주시는 지시를 받으라는 것입니다. 우리나라 문제를 생각해봅시다. 통일이 될까 생각하면 머릿속으로는 복잡해요. 여론조사를 해보면 부정적인 의견이 더 많습니다. 젊은 세대는 통일하고 싶지 않다고까지 해요. 통일이 되더라도 문제가 한둘이 아닐 것 같아요. 그런데 우리와 같이 계시고 우리에게 어떻게 하라고 말씀하시는 그 주님이 지금 도대체 어떻게 말씀하시나요?

"기도하라. 통일을 위해서 기도하라."

통일이 될 것을 그냥 막연하게 기다리라는 것이 아니라 "기도하라. 나라를 위해서 기도하라" 하시잖아요. 어떻게 될지는 모르겠지만 우리가 어떻게 해야 될지는 이제부터 이 기준으로 판단해야 합니다. 성령님은 이미 우리 안에 오셨고, 개인 상황이든 나라를 위한 문제든 우리의 모든 상황에 대해 성령님이 우리에게 지시하십니다. 우리가 그것에 순종해야 합니다.

주님이 함께하신다는 믿음

한 번은 간암 말기인 여자아이를 심방하러 병원에 간 적이 있었습니다. 심방을 가면서 '하나님, 어떻게 기도해야 돼요?' 계속 고민하며 기도했습니다. 제 마음속에서 이미 그 아이는 죽은 것 같았습니다. 어린 아이인데도 복수가 찼고 더 이상 치료가 불가능한 상태입니다. 병원도 다 포기한 그 아이를, 목사니까 심방을 가는 것입니다. '간암이 기적적으로 낫게 해달라고 기도해야 하나? 정말 고침을 받을까?' 뭐가 조금이라도 믿어져야 믿음으로 기도를 하잖아요. 도대체 내가 믿음이 없는데, 아이가 살아날 거라는 믿음이 없는데 내가 무슨 기도를 하나 고민하였습니다.

병실에 들어가기 바로 직전까지 '하나님, 어떻게 기도해야 돼요?' 고민하면서 주님께 믿음을 주시기를 구하였습니다. 그때 주님은 제가 가져야 할 믿음은 병이 나을 것이라는 믿음이 아니라 예수님이 함께하신다는 믿음이어야 함을 깨우쳐주셨습니다.

"그 아이가 살아날 것을 위해 기도하지 말고 그 아이와 함께 계시는 주님, 그 아이와 여전히 함께 계시는 주님, 그 주님을 믿고 기도해라."

'그렇지.' 정말 그랬습니다. 제가 믿을 것은 함께하시는 예수님이셨습니다. 제 마음이 확 달라졌어요. 그 아이가 어떻게 될지에 관해서는 모르겠지만 그 아이와 주님이 함께 계신 것은 분명했습니다. 지금 간암 말기인 정말 어렵고 특별한 형편에 있어도 주님이 함께 계시는 것만큼은 너무 분명하니까 제 마음속에 믿음이 확 들어왔어요.

이 믿음이 생기니까 그 아이를 만나는데 제가 너무 밝아졌습니다. 병실에 들어가니 그 아이의 얼굴에는 두려움이 가득하였습니다. 누구도 간암 말기라고 알려주지 않았지만 죽음을 예감하고 있는 것 같았습니다. 그 아이에게 밝은 목소리로 인사하고 머리에 손을 얹고 예수님을 불렀습니다. 함께하시는 예수님을 계속 불렀습니다. 중요한 것은 지금 그 아이와 함께 계시는 주님이시니까요. 주님이 우리와 함께 계시니까요. 몇 번을 불렀는지 모릅니다.

"주 예수님, 주 예수님, 여기 함께 계시지요."

주님의 손에 그 아이를 맡겼습니다.

"우리 솔이도 주를 바라보게 해주세요."

고쳐달라, 어떻게 해달라 하는 기도가 다 없어지고 오직 하나, "주님이 함께하세요. 주님이 함께하심을 알게 해주세요" 한참을 그렇게 손을 얹고 기도했습니다.

기도가 다 끝나고 난 다음에 아이에게도 주님을 바라보게 했어요.

"예수님을 바라보아라. 예수님이 너와 함께 계셔. 주님을 바라봐."

숨도 제대로 쉬기 어려워하는 아이가 "아멘, 예" 하는데 목소리에 힘이 느껴졌습니다.

성령께 반응하는 믿음

우리가 어려움을 만났는데 해결되리라는 '믿음'이 생기지 않아서 당황할 때가 있습니다. 믿음으로 기도하라 하였는데 해결될 것이 믿어지지 않을 때 그때도 여전히 '주님이 함께하신다'는 믿음으로 기도하는 것입니다.

주님이 함께하신다고 믿어지는 믿음이 엄청난 믿음입니다. 우리 생각과 계산으로 우리의 처지와 형편을 어떻게 하지 못할 때가 있습니다. 그때에 주님이 지시하시는 대로 해야 된다는 것을 절대 놓치지 말아야 합니다. 주님이 지금도 나에게 뭔가를 지시하시고 내게 분명히 말씀하십니다.

민족의 통일을 위한 기도가 벽에 부딪힐 때가 있습니다. 도무지 상황을 파악할 수 없고, 길은 없어 보이고 사태는 더 악화되는 것 같고, 오히려 전쟁이 날 위기에 이르렀는데, 어떻게 믿음으로 기도해야 합니까? 그럴수록 더욱 '함께하시는 주님'을 바라보고 성령의 인도하심을 따라가야 합니다. 이성으로 앞이 보이지 않는데 성령께서는 계속해서 기도를 시키십니다. 그럴 때 순종하여 기도하는 것이 믿음의 기도입니다.

성령님은 우리를 모든 진리 가운데로 인도하려고 오셨습니다. 요한복음 16장 13절에 "그러나 진리의 성령이 오시면 그가 너희를 모든 진리 가운데로 인도하시리니 그가 스스로 말하지 않고 오직 들은 것을 말하며 장래 일을 너희에게 알리시리라" 하였습니다. '어떤 처지와 형편에 있어도 성령님은 여전히 나와 함께 계신다.' 이것이 믿어지면 '어떤 상황에서도 성령께서 반드시 나의 갈 길을 인도하신다'는 것도 믿어야 합니다. 아무리 지금 당장 죽을 것 같아도 성령님은 반드시 우리를 인도하십니다. 그래서 우리에게 오신 것입니다. 이것을 명심해야 합니다.

예수님이 승천하실 때만 해도 제자들은 이제 자기들이 무엇을 어떻게 해야 되는지 도무지 알지 못했습니다. 부활의 예수님을 증거할 담대함도 없었고 무슨 일을 할 수 있는 능력도 하나도 없었어요. 그런데 성령이 임하신 후에야 비로소 그들은 무엇을 해야 할지 알 수 있었습니다. 복음을 전해야 되는 것에 대해서 너무 분명해졌고, 부활의 주님을 전할 능력도 얻었습니다. 그리고 담대하게 나가서 복음을 전했습니다. 성령이 임하시면 꼭 이와 같은 일이 벌어집니다.

성령의 이끄심을 따라가라

요르단에서 시리아 난민을 섬기시는 김재희 선교사님이 함께 난민 사역을 하던 어느 네덜란드 선교사에 관한 이야기를 들려주셨습니다. 그 네덜란드 선교사는 정말 성실하게 난민들을 잘 돌보고 있었는데 요르단 당국에 의해 갑자기 추방을 당해 본국으로 돌아가야 했습니다. 다른 선교사들도 당신이 가면 이 사역을 어떻게 하냐며 다 안타까워하고, 그 선교사님도 크게 낙심하여 "이 사역이 막 넓어지고 있고, 지금 난민들의 마음이 열릴 단계에 와 있는데 갑자기 이렇게 추방을 시키시면 어떡합니까" 하며 하나님 앞에 깊이 기도했지만 네덜란드로 돌아갈 수밖에 없었습니다.

그런데 갑자기 세계정세가 바뀌더니 유럽에 엄청난 난민들이 몰려들기 시작했습니다. 유럽 교회는 그 난민들을 위한 사역을 제대로 해낼 준비가 되어 있지 않았고 난민들을 돌볼 인재가 없었습니다. 그때 추방당해서 네덜란드로 돌아가 있던 그 선교사님은 본국에서 요르단에 있을 때와 비교가 안 될 정도로 크게 난민 사역을 하게 되었습니다. 한국 선교사 한 분도 요르단에서 추방을 당하고 낙심하여 터키 여행을 떠났는데, 난민들이 터키로 몰려들어서 요르단에 있을 때보다 터키에서 더 큰 사역을 하고 있습니다. 또 한 분은 독일로 가셨는데, 거기서도 난민 사역이 크게 일어났습니다.

이렇게 하나님의 인도하심은 우리의 생각과 너무 많이 다릅니다. 성령의 인도하심이 언제나 최선입니다. 성령이 어떻게 임하시고 역사하실지 알 수는 없어도, 성령님이 지금 내게도 오셨고 기도하도록 이끄셨다는 사실은 분명합니다. 그러므로 우리는 성령께서 기도를 인도해주실 줄 믿고 기도해야 합니다. 어떻게 기도해야 할지 모르겠더라도 "성령님, 도대체 제가 어떻게 판단해야 하고 무슨 말을 해야 되고 어떤 행동을 해야 됩니까? 이끌어주세요. 저를 도와주세요" 구하면 주님이 도와주십니다. "성령님, 지시해주세요. 말씀해주세요" 그러면 반드시 진짜 합력하여 선을 이루게 되고, '내 형편이 이렇게 달라질 수 있나? 이걸 몰랐구나! 이렇게 하나님이 역사하시는 걸 몰랐구나!' 하게 될 것입니다.

어떤 위기에도 어떤 형편에서도 성령의 이끄심이 있으므로 우리는 된다 안 된다, 잘 된다 못 된다 판단하지 말고 성령님께 순종해야 합니다. 언제 어디서나 낙심하거나 원망하지 말고 오직 성령의 이끄심을 구하고 성령을 따라가야 합니다. 구하면 주님이 반드시 도와주십니다.

이와 같이 성령도 우리의 연약함을 도우시나니 우리는 마땅히 기도할 바를 알지 못하나 오직 성령이 말할 수 없는 탄식으로 우리를 위하여 친히 간구하시느니라 롬 8:26

하나님의 나라를 위한 기도, 주님의 재림을 위한 기도는 너무 막연하여 대부분 꾸준히 기도하지 못합니다. 그러나 성령 안에서 기도하면 하나님의 나라를 위하여 반드시 기도하게 하시고 먼저 기도하게 하십니다. 억지로라도 순종하니 하나님나라를 보는 눈이 뜨였습니다. 처음에는 막연했는데 이제는 너무 선명해졌고 예레미야서 33장 3절 말씀이 체험되었습니다.

너는 내게 부르짖으라 내가 네게 응답하겠고 네가 알지 못하는 크고 은밀한 일을 네게 보이리라 렘 33:3

"아, 이래서 기도하라 하셨구나!" 하고 깨닫게 되었습니다. 우리는 성령의 역사를 기다려야 합니다. 주님은 승천하시기 전에 제자들에게 성령을 기다리라고 하셨습니다. 예수님의 제자들은 성령에 대한 약속을 받았지만 성령이 어떤 분인지, 어떻게 성령이 임하시는지, 성령을 받으면 어떻게 되는지 전혀 알지 못하였습니다.

내가 항상 주님을 바라보며
매순간 주님께 순종의 걸음을 걸을 때
비로소 성령의 역사가 체험됩니다.

그저 주님께서 말씀하셨으니 기대하는 마음으로 기도하며 기다렸던 것입니다.

성령님만을 구하라

성령님을 구할 때 조심할 것이 있습니다. 내가 신령한 복을 받기 위해서, 행복하기 위해서, 잘 살기 위해서, 문제를 해결하기 위해서, 능력을 받기 위해서, 무슨 방언 체험을 하기 위해서 구하면 안 됩니다. 목적이 주님께 있어야 합니다. 그렇지 않고 그 성령님으로 인하여 내게 얻어지는 열매에 목적이 있으면 왜곡됩니다. 우리에게 진짜 중요한 것은 내 안에 오신 주님 그 자체입니다. 나머지는 그 뒤에 하나님이 열매로 맺어주실 겁니다. 우리의 목적은 언제나 주님이어야 합니다.

그러나 안타깝게도 많은 성도들이 주님을 구할 때 실제로 주님을 구하기보다는 주님이 오시면 내 문제가 해결될까, 주님이 오시면 우리 가족이 다 구원 받을까, 주님이 오시면 나의 재정적인 문제가 풀릴까, 주님이 오시면 내 병이 고침 받을까, 주님이 오시면 내게 무슨 능력이 임할까 하고 바랍니다. 그래서 얻더라도 결국 다 변질되고 맙니다. 우리가 사모하는 것은 주님 그분이십니다. 주님 한 분이면 충분합니다. 마르다와 마리아 모두 주님을 위한 열심이 대단했지만 마르다는 주님을 섬길 일에 몰두하였고 마리아는 주님께 주목하였습니다. 주님은 주님을 주목하는 마리아를 더 귀하게 여기셨습니다. 우리도 그렇게 해야 합니다.

예수 믿는 우리에게 전도, 선교, 설교, 새벽기도, 제자훈련, 성경공부, 상담, 다 귀하지만 그런 것은 임무이고 사명입니다. 그러나 우리 인생은 임무가 아닙니다. 삶이요 생명입니다. 임무를 잘 감당했다고 행복한 것은 아닙니다. 목회자의 목표도 오직 예수님이어야 합니다. 그러면 목회 현장이 어떠하든지 내적인 기쁨과 평안에는 요동함이 없습니다. 그때, 목회 현장에 성령의 기름부음이 임하는 것입니다.

주님을 갈망하고 바라보라

또 하나 조심할 것은 막연히 성령이 임하시기만을 기다려서는 안 된다는 것입니다. "성령님이 오셔야 무슨 역사가 일어나잖아요. 그러니까 저는 성령님 오시기를 기다리고 있습니다" 하면서 아무 것도 안 하고 그냥 가만히 있는 사람들이 있는데 어느 순간에 내게 무슨 성령의 체험이 불같이 강렬하게 한번 임하기를 평생 기도하다가 성령의 역사 한 번 체험하지 못하고 끝나는 사람이 대부분이에요. 그저 큰 소리로 "주여!" 부른다고 성령님이 그 시간에 임하는 것도 아닙니다.

지나고 보니 성령충만하게 해달라고 금식하고 철야하고 큰 소리로 기도하는 것보다 평범한 일상에서 주님을 바라보며 사는 것이 훨씬 빠른 길이었습니다. 내가 항상 주님을 바라보며 매순간 주님께 순종의 걸음을 걸을 때 비로소 성령의 역사가 체험됩니다. 정말 효과적이고 가장 빠른 길은 매순간 성령님을 바라보고 의지하고 나아가는 것입니다. 우리는 일상의 평범한 순간에 주님을 바라보아야 합니다. 그렇지 않으면 겉으로는 교인이지만 속으로는 마귀가 끄는 삶을 살게 됩니다. 하루아침에 타락한 사람은 없습니다. 우리는 이사야의 외침처럼 항상 주님의 말씀을 들으려고 주님께 귀를 기울여야 합니다.

너희 안일한 여인들아 일어나 내 목소리를 들을지어다 너희 염려 없는 딸들아 내 말에 귀를 기울일지어다 사 32:9

그래서 영성일기를 써보시라고 하는 것입니다. 제 설교의 결론은 항상 마지막에 영성일기로 간다고 하지만 그것은 주님께 귀 기울이고 주님을 바라보는 것이 너무 중요하기 때문입니다. 영성일기는 항상 주님을 바라보고 살기 위하여 쓰는 것입니다. 그러나 영성일기를 써보시라고 권하면 10명 중 1명 정도가 반응합니다. 그 한 명도 끝까지 쓰시는 분은 또 열 명 중에 한 명 정도입니다. 그래서 끝까지 쓰시는 분은 100명 중 1명 정도인 것 같습니다.

갈망의 문제입니다. 진짜 갈망이 없어서 그렇다고 생각됩니다. '내가 성령으로 살아야 되겠다, 그 길이 사는 길이고 그것만이 내가 이 어려움에서 헤어날 길이다, 우리가 그렇게 살아야 이 나라가 산다…' 이것이 진짜 갈급한 사람은 영성일기 쓰는 것이 절대 어렵지 않습니다.

우리가 가계부도 쓰지 않습니까? 또 돈 떼어먹히지 않으려고 누구에게 얼마 빌려주었는지 다 적어놓지 않습니까? 누구 빚 준 것 기록하는 게 뭐 어렵습니까? 그런데 남에게 돈 받을 것 기록하는 게 더 중요합니까, 주님이 나와 함께 계시고 역사하시는 것이 더 중요합니까? 비교가 안 되지요. 예수님과 친밀히 동행하려고 결단한 사람이면 영성일기 쓰는 것이 어렵지 않습니다. 우리 모두가 예수님과 친밀히 동행하자는 것입니다.

나라를 위한 기도 사명자인 여러분 모두가 성령의 사람, 주 예수님을 바라보며 사는 사람들이 되기를 축복합니다.

01

우리의 죽은 기도를 살려주소서
위기를 만나도 반응하지 못하는 영적 잠에서
깨어나게 하소서

너희 안일한 여인들아 일어나 내 목소리를 들을지어다
너희 염려 없는 딸들아 내 말에 귀를 기울일지어다 사 32:9

위기가 와도 기도로 전혀 제대로 반응이 안 되고, 한 치 앞을 내다보지 못하면서 지금 형편이 괜찮다고 안일하고 염려 없이 사는 영적 무감각에서 깨어나게 해주소서. 환난이 와도 준비된 믿음이 되게 해주소서. 어려움이 닥쳐서 기도하는 것은 피눈물이 나오는 일입니다. 주님, 그런 어려움이 생기지 않도록 기도하는 것이 수고롭다고 생각하지 않게 해주옵소서. 주님의 말씀을 듣겠습니다. 주여, 제가 귀를 기울입니다. 정신 차리게 해주옵소서.

02

주여 우리에게
성령을 부어주소서

마침내 위에서부터 영을 우리에게 부어주시리니 광야가 아름다운
밭이 되며 아름다운 밭을 숲으로 여기게 되리라 사 32:15

하나님, 우리가 깨어 기도하고, 기도해야 될 때 기도하고, 정말 정신 차려 구할 때 기도하려면 성령의 이끄심을 받아야 합니다. 이 시간에 성령님, 이끌어주옵소서. 나의 모든 삶 속에서 성령을 따라 행하게 해주옵소서. 오늘도 내가 말할 것, 행동할 것, 누구를 만나고 시간을 보내는 모든 것에 성령의 이끄심을 받게 하소서. 아무리 다급한 일이 생겨도 성령님은 반드시 나를 인도하신다는 것을 믿고 나가게 해주소서. "마침내 위에서부터 영을 우리에게 부어주시리니" 아멘. 주여, 이 말씀이 내게 이루어져 나로 성령의 사람이 되게 하시고 모든 일을 성령으로 행하게 하소서.

03

나라를 안전히 지켜주시고
성도들이 복을 받게 하소서

내 백성이 화평한 집과 안전한 거처와 조용히 쉬는 곳에 있으려니와
… 모든 물가에 씨를 뿌리고 소와 나귀를 그리로 모는
너희는 복이 있느니라 사 32:18,20

하나님, 우리나라가 이렇게 안전하고 평화롭게 지켜지게 해주옵소서. 우리의 가정과 일터에도, 나의 문제에도 하나님이 허락하시는 놀라운 평안이 임하게 해주옵소서.

두려워하지 말고 하나님만 의지하라

초판 1쇄 발행   2017년 11월 13일
초판 9쇄 발행   2024년 4월 19일

지은이   유기성

펴낸이   여진구
책임편집   안수경 최현수
편집   이영주 박소영 김도연 김아진 정아혜
책임디자인   마영애 노지현 조은혜 이하은
홍보 · 외서   진효지
마케팅   김상순 강성민   마케팅지원   최영배 정나영
제작   조영석 허병용   경영지원   김혜경 김경희

303비전성경암송학교 유니게 과정
이슬비전도학교 / 303비전성경암송학교 / 303비전꿈나무장학회

펴낸곳   규장

주소 06770 서울시 서초구 매헌로 16길 20(양재2동) 규장선교센터
전화 02)578-0003 팩스 02)578-7332
이메일 kyujang0691@gmail.com   홈페이지 www.kyujang.com
페이스북 facebook.com/kyujangbook   인스타그램 instagram.com/kyujang_com
카카오스토리 story.kakao.com/kyujangbook
등록일 1978.8.14. 제1-22

책값 뒤표지에 있습니다.
ISBN 978-89-6097-515-6 03230

규 | 장 | 수 | 칙

1. 기도로 기획하고 기도로 제작한다.
2. 오직 그리스도의 성품을 사모하는 독자가 원하고 필요로 하는 책만을 출판한다.
3. 한 활자 한 문장에 온 정성을 쏟는다.
4. 성실과 정확을 생명으로 삼고 일한다.
5. 긍정적이며 적극적인 신앙과 신행일치에의 안내자의 사명을 다한다.
6. 충고와 조언을 항상 감사로 경청한다.
7. 지상목표는 문서선교에 있다.

하나님을 사랑하는 자 곧 그의 뜻대로 부르심을 입은 자들에게는 모든 것이 合力하여 善을 이루느니라(롬 8:28)

Member of the
Evangelical Christian
Publishers Association

규장은 문서를 통해 복음전파와 신앙교육에 주력하는 국제적 출판사들의
협의체인 복음주의출판협회(E.C.P.A:Evangelical Christian Publishers
Association)의 출판정신에 동참하는 회원(Associate Member)입니다.